Veit Lindau
Reichtum

GOLDMANN
Lesen erleben

VEIT
LINDAU

REICHTUM

LASS DEN
MANGEL
HINTER
DIR!

GOLDMANN

Der Goldmann Verlag weist ausdrücklich darauf hin, dass im Text enthaltene externe Links vom Verlag nur bis zum Zeitpunkt der Buchveröffentlichung eingesehen werden konnten. Auf spätere Veränderungen hat der Verlag keinerlei Einfluss. Eine Haftung des Verlags für externe Links ist stets ausgeschlossen.

FSC
www.fsc.org
MIX
Papier aus verantwortungsvollen Quellen
FSC® C014496

1. Auflage

Originalausgabe November 2016

Umschlaggestaltung: UNO Werbeagentur, München
Umschlagmotiv: © FinePic®, München
Lektorat: Mareike Fallwickl, Hof bei Salzburg,
Judith Mark, Freiburg i. Br.
fm · Herstellung: cb
Satz: Satzwerk Huber, Germering
Druck und Bindung: GGP Media GmbH, Pößneck
Printed in Germany
ISBN 978-3-442-22175-2

www.goldmann-verlag.de

Im Augenblick ist der Reichtum
dieser Welt noch sehr ungerecht verteilt.
Lass ihn uns friedvoll umschichten.
Denn wir wurden alle als potenzielle Könige
und Königinnen geboren.
Reichtum ist dein Geburtsrecht.
Es ist Zeit, dich zu erinnern.

PROLOG

Ich schreibe dieses Buch als Beitrag zur Heilung einer der tiefsten kollektiven Wunden der Menschheit. Wir haben irgendwann damit begonnen, Geld mit Reichtum gleichzusetzen. Ein tragischer Irrtum.

Er führt dazu, ...

... dass sich unfassbar reiche Menschen innerlich arm und unzulänglich fühlen,

... dass ein Großteil unserer Arbeit nicht intrinsisch motiviert ist (also nicht unserem wahren inneren Ruf folgt), sondern dem Erwerb von Geld untergeordnet wird,

... dass viele Menschen, die materiell reich sind, nicht glücklich sind, weil sie die Angst umtreibt, ihre »Reichtümer« wieder zu verlieren.

Ich möchte dich mit diesem Buch dabei unterstützen, guten Reichtum für dich zu manifestieren. Guter Reichtum misst sich nicht primär in Zahlen, sondern an dem Glück, das er für dich und andere generiert. Denn letztendlich geht es doch darum, glücklich zu sein, oder?

Guter Reichtum, wie ich ihn verstehe, ist eine Kombination aus ...

... innerem Reichtum (der Erfahrung von Freiheit, Freude und Reichtum in dir),
... äußerem Reichtum (in einem Maß, das dir Sicherheit, kreative Freiheit und Großzügigkeit ermöglicht),
... und Allgemeinwohl (manifestiere deinen Reichtum auf Wegen, die anderen Wesen möglichst wenig schaden, und bewirke Gutes, indem du ihn teilst).

Um Missverständnisse zu vermeiden: Dieses Buch enthält keine konkrete Strategie, um mehr materielle Fülle zu manifestieren.[1] Es ist deinem wahren Reichtum gewidmet – dir!
Wenn uns etwas im Außen fehlt, strengen wir uns häufig noch mehr an. Doch der mächtigste Hebel für gewünschte Veränderung liegt im Geist.
Deshalb lehre ich meine Klienten, die mit dem Wunsch nach mehr finanziellem Erfolg zu mir kommen, einen inneren und äußeren Weg. Ohne Zweifel ist es wichtig, sich auf eine gute äußere Strategie festzulegen – zum Beispiel in Form eines

1 Dafür findest du auf www.erfolgswerk.tips weitere Buch- und Kursempfehlungen.

soliden Finanzplans, eines effizienten Marketings und so weiter.
In diesem Buch geht es vor allem um den inneren Weg, um geistige Klarheit und Dehnung.
Wenn du es in die Hand genommen hast, weil du dir eine Verbesserung deiner finanziellen Situation wünschst, liegst du allerdings auch richtig. Die hier vorgestellten Lektionen bereiten den Boden für mehr weltlichen Reichtum, wenn dies dein Wunsch ist. Du wirst erstaunt sein, wie sich deine gesamte Welt durch eine kleine Verschiebung im Geist wandeln kann.
Dieses Büchlein ist als Inspiration gedacht, die in jede Hosentasche passt. Sie enthält Anregungen zur Hinterfragung, zur Selbsterforschung und Gedankenweitung.
Nach 20 Jahren intensiver Beschäftigung mit den Themen Erfolg und Reichtum – privat und als begleitender Coach für etwa 20 000 Menschen – weiß ich, dass der Weg zu mehr äußerer Fülle in uns selbst beginnt. Die Leistungsgesellschaft verführt uns dazu, unser Leben von außen nach innen zu leben. Wir messen uns primär an vorgegebenen Maßstäben. Wir machen unseren Selbstwert an der Größe unseres Autos, der Zahl auf dem Bankkonto, der Anerkennung der anderen fest. Wir glauben, mehr Geld würde uns vollständiger machen.
Tut es aber nicht, kann ich dir aus eigener Erfahrung sagen. Solange du dich innerlich arm fühlst,

wirst du dem Geld hinterherrennen. Du wirst für äußeren Reichtum hart kämpfen müssen. Wenn er dann da sein sollte, wirst du ihn nicht spüren können. Du wirst dann zwar nicht mehr Angst haben müssen, die Miete nicht bezahlen zu können. Doch du wirst fürchten, all das wieder loslassen zu müssen.

Verstehe mich bitte nicht falsch. Ich möchte dir – wenn dies dein Wunsch ist – auf jeden Fall dabei helfen, mehr äußeren Reichtum zu erfahren.

Geld löst viele praktische Probleme.

Geld ermöglicht uns zu wirken.

Geld, weise eingesetzt, ist ein wunderbares Hilfsmittel für das Erschaffen.

Allerdings habe ich herausgefunden, dass der intelligenteste und eleganteste Weg zu mehr äußerem Reichtum mit der Entdeckung des inneren Reichtums beginnt. Dieses Buch hilft dir dabei, zentrale Irrtümer in deinem Geist zu korrigieren, das Spiel zu drehen und dich auf mehr äußeren Reichtum vorzubereiten. Er wird zu dir kommen. Wenn er da ist, wirst du ihn genießen und teilen können, weil du dich nicht mehr mit ihm verwechselst.

Wir wurden alle als potenzielle Könige und Königinnen geboren.

Es ist Zeit, die Erfahrung von Reichtum – innen und außen – in Würde willkommen zu heißen.

Reichtum ist dein Geburtsrecht.

Bevor du damit beginnst, noch ein paar Anregungen dazu, wie du dieses Buch am besten für dich einsetzt.

- Es lädt dich ein, gründlich und konstruktiv über Reichtum und Geld nachzudenken.
- Ich möchte dich ermutigen, zu deinen Wünschen und Ängsten zu stehen. Wahrheit heilt und bewegt. Schau hin.
- Verstehe Geld als ein Spiel und nimm es als deinen Lehrmeister an. Dann kann es dir sehr viel über dein Licht und deine Schatten beibringen.
- Steig aus dem energieraubenden Kreislauf von Angst, Gier und Mangel aus. Heile die kollektive ökonomische Wunde in dir.
- Erfahre deinen bereits existierenden Reichtum bewusster und ziehe noch mehr Fülle an.
- Dieses Buch beschäftigt sich nicht mit Geldanlagen und verspricht dir keine Wunder. Du wirst auch nach der Lektüre deine Hausaufgaben selbst erledigen müssen. Allerdings wirst du dich endlich darauf freuen!

Beim Coaching so vieler Menschen, die in einem umfassenden Sinne reicher und erfolgreicher sein wollten, konnte ich grundlegende Annahmen entwickeln, die durch meine praktische Erfahrung immer wieder bestätigt wurden. Sie lauten:

- Gedanken erschaffen Dinge. Deine Erfahrung von innerem und äußerem Reichtum spiegelt dein Denken in Bezug auf Reichtum zu 100 Prozent wider. Ändert sich dein Denken, müssen sich die konkreten Ergebnisse in deinem Leben ändern.
- Leben ist pure Fülle. Du hast als Teil des Lebens ein Anrecht auf die Erfahrung von Fülle.
- Veränderung setzt ein, wenn du bereit bist, die Gegenwart anzuerkennen. Das gilt auf der geistigen, emotionalen und materiellen Ebene.
- Dein aktueller Zustand des inneren und äußeren Reichtums wurde maßgeblich von deinen Gedanken und Handlungen des letzten Jahres beeinflusst.
- Die Ausgangslage, von der wir materiell gesehen starten, mag »ungerecht verteilt« sein. Doch entscheidend ist, was du aus dem machst, was du hast. Opferbewusstsein ist Gift für deine Erfahrung von Reichtum.
- Dein Erfolg ist nicht von Geld abhängig. Geld folgt, wenn du Erfolg hast. Nicht umgekehrt.
- Es gibt einen großen Unterschied zwischen Wissen und Weisheit. Weisheit entsteht, wenn du das, was du gelesen, gehört und erkannt hast, auch praktisch anwendest.
- Deine bewussten Gedanken sind lange nicht so machtvoll wie die tieferen Überzeugungen

deines Unterbewusstseins. Wenn du wissen willst, was du wirklich denkst, schau dein Leben an. Es ist ein 100-prozentiges Abbild deiner unbewussten geistigen Einstellung. Diese kannst du dauerhaft verändern, doch dafür ist es notwendig, sie schonungslos ehrlich und nüchtern anzuschauen.

- Alles kann Medizin und alles kann Gift sein. Reichtum ist nicht die Quelle allen Übels, und Armut macht keinen guten Menschen aus. Indem du die Kräfte von Angst und Gier meistern lernst, kannst du deinen Umgang mit Geld entspannen und dieses Medium sinnvoller und freudvoller nutzen.
- Mehr äußere Fülle kann nur zu dir kommen, wenn es dir gelingt, die bereits existierende Fülle in deinem Leben anzuerkennen. Alles, was anerkannt wird, wird mehr.
- Das, was du bis jetzt an Reichtum erfährst, entspricht dem Wert, den du dir selbst auf diesem Planeten gibst.
- Du bist immer in dem erfolgreich, was du wertschätzt. Wenn du bis jetzt keinen finanziellen Erfolg erfahren hast, solltest du dich fragen, ob du finanziellen Erfolg überhaupt wertschätzt.
- Geld ist nur eine Idee. Geld ist ein neutraler Spiegel unseres individuellen und kollektiven Bewusstseins.

- Menschen geben dir gern ihr Geld, wenn du ihnen dienst. Dienen bedeutet, ihnen einen echten Mehrwert anzubieten, der weit über den Betrag des Geldes hinausgeht.

Hinweise zum Arbeiten mit diesem Buch

Die Lektionen, die ich dir im Folgenden vorstelle, verkörpern zeitlose und universelle Gesetzmäßigkeiten. Wenn du sie verstehst und mit ihnen kooperierst, macht dein Leben mehr Spaß.

Sie sind zeitlos, das heißt, sie werden auch dann noch wirken, wenn es kein Geld mehr und/oder eine völlig andere Wirtschaftsordnung geben sollte.

Sie sind universell, das heißt, sie sind nicht an ein Dogma oder eine Glaubensrichtung gebunden. Sie funktionieren für alle, deren Existenz nicht akut bedroht ist, die ein gesichertes Dach über dem Kopf und ausreichend zu essen haben. Sie sind praktisch anwendbar und produzieren konkrete Ergebnisse. Es gibt nur einen Haken: Du musst etwas dafür TUN. Sie funktionieren nicht, wenn du sie dir lediglich unter dein Kopfkissen legst. Du musst sie verstehen UND umsetzen. Dann werden sie auch für dich positive Ergebnisse produzieren.

Wie du die einzelnen Lektionen am besten verdaust

1. Lies sie. Denk über sie nach, bis du sie verstanden hast.
2. Lerne, sie mit deinen eigenen Worten wiederzugeben. Sprich mit deiner oder deinem Liebsten oder einem guten Freund darüber. Erst dadurch verinnerlichst du sie.
3. Nimm sie persönlich. Was hat diese Lektion mit deinem Leben zu tun? Wo hast du sie bis jetzt negiert? Wie kannst du sie KONKRET umsetzen?
4. NAGEL DICH FEST. Wenn du etwas für dich Wichtiges erkannt hast, schreibe deine Einsichten auf. Halte schriftlich (ganz wichtig!) fest, wie du sie ab jetzt berücksichtigen wirst.

Halte inne und frage dich nach jedem Kapitel:

1. Habe ich die Lektion verstanden?
2. Wie würde ich sie mit meinen Worten erklären?
3. Wie kann ich diese Lektion konkret anwenden?
4. Wann genau werde ich dies tun?
5. Eine Woche später: Habe ich es getan?

Veit

LEKTION 1: DIE BASIS FÜR JEDEN ERFOLG

Mit welchen Ausreden hast du dich bis jetzt davon abgehalten, dich konzentriert um deinen Reichtum zu kümmern? Schlechten Start ins Leben gehabt? Ungünstiges Horoskop? Die Welt ist ungerecht? Du bist nicht schlau genug?

Tatsächlich brauchst du lediglich vier Qualitäten, um erfolgreich zu sein.
Doch ohne die läuft gar nichts!

Erfolg hat nichts mit Glück oder überdurchschnittlicher Begabung zu tun. Ich begegne manchmal materiell sehr reichen Menschen, die an innerer Armut leiden. Ich treffe Menschen, die reich geboren wurden und alles verloren haben. Ich habe bettelarme Hochbegabte kennengelernt, sehr erfolgreiche Durchschnittsbegabte oder Menschen, die es schafften, in einem der größten und ärmsten Slums dieser Welt ein erfolgreiches Unternehmen aufzubauen. Du brauchst keine günstigen Startbedingungen und keine speziellen Talente.

Statistiken zeigen: Erfolgreiche Menschen befinden sich, was ihre Fähigkeiten betrifft, im Durchschnitt der Menschheit, mit Ausnahme der folgenden vier Punkte:

1. Sie wissen klarer als der Rest, was sie wollen.
2. Sie wenden die universellen Prinzipien des Erfolgs an.
3. Sie investieren langfristig Zeit und Energie in den Weg des Erfolgs.
4. Sie sind bereit, Fehler zu machen, sich selbst infrage zu stellen und zu verändern.

Die Frage ist nun: Wie sieht es bei dir aus?

Bist du entschlossen herauszufinden, was du wirklich-wirklich willst?
Bist du entschlossen, die folgenden Lektionen aufmerksam zu studieren?
Bist du entschlossen, kontinuierlich Zeit und Energie in das Erblühen deines Reichtums zu investieren?
Bist du entschlossen, dich immer wieder selbst infrage zu stellen, auf Rechthabenwollen zu verzichten und dich zu verändern?

Wenn ja, wird dich nichts aufhalten. Du wirst, da bin ich mir sicher, auf diesen Seiten wertvolle Hinweise finden, die dir entscheidende Türen zu mehr äußerem und innerem Reichtum öffnen werden. Wenn du aber auch nur bei einem dieser vier Punkte zögerst, möchte ich dir einen wohl-

IST EIN SPIEL

Hast du früher als Kind auch manchmal Monopoly gespielt? Kannst du dich noch an die Aufregung, die Freude, den Ärger erinnern? Du hast gebangt, gehofft, triumphiert und dann vielleicht doch wieder alles verloren. Doch du hast immer gewusst: Es ist ein Spiel. Dein Leben hängt nicht davon ab. Es gibt noch etwas Größeres.

LEKTION 2: GÖTTER, DIE MONOPOLY SPIELEN

Wie wäre es, wenn du mit dieser Monopoly-Einstellung an das Thema Reichtum herangehst? Mit vollem Einsatz und der Einstellung: Es ist (nur) ein Spiel.

»Geld ist nur ein Spiel?!«, magst du jetzt vielleicht denken. Ich weiß, dass das zynisch klingen kann, wenn du gerade arge Geldnöte erfährst. Ich bitte dich dennoch, diesem Gedankengang für einen Moment offen zu folgen.

Die Frage ist doch:

Mit welcher inneren Grundhaltung gelangst du am besten aus dem Mangel in die Fülle?

Welche Einstellung ermöglicht dir, deine Chancen im Leben optimal zu erkennen und zu nutzen?

Verbissen, verängstigt, verkrampft – mit dem Gefühl, es ginge um dein Leben?

Oder wach, neugierig, lernbereit – weil du dich freiwillig auf ein spannendes Spiel einlässt?

Ich habe Zeiten erlebt, in denen meine Liebste und ich zum Monatsende das nicht vorhandene Geld aus dem Dispokredit des einen Kontos auf das andere und von dort wieder zurück jonglierten, in der Hoffnung, die bedrohlich ho-

hen Rechnungen bezahlen zu können. Ich kenne die Mischung aus Frust, Scham und Lähmung. Deshalb sage ich dir: Da musst du raus! Das Ganze als ein Spiel zu sehen bedeutet nicht, es auf die leichte Schulter zu nehmen. Spiel es mit wachem Geist. Lass dich voll ein. Aber realisiere, dass es NICHT um dein Überleben geht, auch wenn es sich manchmal so anfühlt. Wenn du mit Geld spielst, als hinge alles davon ab, wirst du verlieren. So oder so. Wenn du kein Geld hast, wirst du dich arm und unvollständig fühlen. Wenn du es hast, wirst du es nicht genießen können, weil du dich fürchtest, es sofort wieder los zu sein.
Ich bin meiner Frau sehr dankbar, weil sie mich in unseren kargen Zeiten immer wieder daran erinnerte, mich zu entspannen und den Blick auf das zu richten, was da war. Unsere wunderbare Tochter. Unsere Beziehung. Unsere funktionierenden Körper. Unser Dach über dem Kopf, Essen und viele Gründe, um zu lieben, zu feiern und zu lachen.
Auch du kannst in diesen so heilsamen und die Kreativität steigernden Spielmodus kommen. Hier einige Tipps, die mir dabei geholfen haben und die ich auch heute noch anwende, wenn ich aus Angst oder Gier verkrampfe.

1. Ich mache mir bewusst, dass ich irgendwann sterben werde und nicht weiß, wann. Jeder

Moment (jetzt zum Beispiel, während ich dies schreibe) ist unermesslich kostbar. Ich weiß nicht, wie viele davon ich noch erleben werde. Möchte ich sie mit Sorgen vergiften? Oder möchte ich sie wertschätzen und genießen?

2. Anstatt vor meinen Ängsten wegzulaufen, lade ich sie ein. Ich nehme mir Zeit und spiele meine Sorgen bis zur letzten Konsequenz im Kopf durch. Selbst wenn mir alles Materielle genommen würde, hätte ich immer noch einen klaren Geist, mit dem ich neu beginnen könnte.
3. Ich setze auf wahre Sicherheit. Wir leben in einer potenziell unsicheren Welt. Alles kann uns morgen genommen werden. Menschen können uns verlassen. Unser Körper kann krank und alt werden. Das sind die Fakten. Das Geldspiel auf der Hoffnung aufzubauen, ich könnte durch ein paar Nullen auf meinem Konto echte Sicherheit kaufen, ist kindisch und gefährlich. Stattdessen setze ich lieber auf wahre Sicherheit. Die finde ich nur in mir. Ich schule meinen Geist täglich darin, konstruktiv und klar zu bleiben. Ich habe für mich eine Form der Meditation gefunden, die mir den Zugang zu meiner inneren Essenz ermöglicht – denn nur sie bleibt vom Wandel unberührt.

4. Ich kultiviere einige wenige, dafür starke, echte und tiefe Beziehungen. Sie bieten mir nicht nur Sicherheit, sondern halten mich auch wach. Sie rufen mir im entscheidenden Moment ins Gedächtnis, was wirklich zählt. In dunklen und in hellen Zeiten. Ich bin sehr dankbar, mit meiner Liebsten auch karge Zeiten erfahren zu haben. Das hat mich gelehrt, dass die Liebe und das Wunder des Lebens sogar dann gefeiert werden können, wenn so gut wie nichts im Kühlschrank ist.

ERFOLGSWERK TIPP

Im Leserbereich der Website www.erfolgswerk.tips findest du die geführte Meditation »Götter spielen Monopoly«. Sie lädt dich dazu ein, für einen kostbaren Moment aus der Alltagsebene auszusteigen, dich emporzuschwingen und dein Leben aus der Götterperspektive zu betrachten. Genieße die Entspannung und die erstaunlichen Einsichten, die dich hier erwarten.

LEKTION 3: SELBSTVERANTWORTUNG

Der bekannte Autor und Motivationstrainer Jack Canfield hat mal gesagt, das Leben sei wie ein Pokerspiel: Man hat keinen Einfluss darauf, welche Karten man bekommt. Aber man kann sehr wohl beeinflussen, wie man diese Karten einsetzt. Ein Spiel macht keinen Spaß, wenn du dich als Opfer fühlst, das man auf dem Spielplatz geschubst hat. Es frustriert dich nur, wenn du ständig über deine schlechte Ausgangsposition jammerst. Überlege ehrlich, welche Gründe du bis jetzt dafür gefunden hast, warum du NICHT den Reichtum erfährst, den du dir wünschst.

BEISPIELE

»Ich bin eine alleinerziehende Mutter mit drei Kindern und habe keine Chance.«
»In meinem Job kann man einfach kein Geld verdienen.«
»Die Welt ist einfach ungerecht.«

Übung

Mal ehrlich: Vielleicht hast du dich das eine oder andere Mal schon bei ähnlichen Begründungsversuchen erwischt? Liste auf einem Blatt Papier alle Gründe auf, die dir dafür einfallen, warum du bisher nicht den Wohlstand erreicht hast, den du dir wünschst.

Ich werde jetzt etwas sagen, das dich vielleicht wütend macht. Lies trotzdem weiter:
Alles, was du eben aufgeschrieben hast, sind keine Gründe, sondern Erklärungen. Dein Verstand benutzt sie, um zu rechtfertigen, warum du nicht haben kannst, was du willst. Es ist dein gutes Recht, daran festzuhalten. Nur verstehe bitte, was du da tust. Indem du dir selbst wieder und wieder erklärst, warum du nicht haben kannst, was du willst, wird die Grenze, die du dir gesetzt hast, in deinem Kopf immer realer. So real, dass wenn jemand vorbeikommt und sie infrage stellt, du nicht erleichtert, sondern empört reagierst.
Weißt du, woran du eine wirklich gute Ausrede erkennst?
Sie fühlt sich für den, der sie benutzt, zu 100 Prozent echt an.
Das heißt aber nicht, dass sie das ist.
Lies dir noch einmal alle Gründe aufmerksam durch. Jeder dieser Gedanken gleicht einem Leck

im Krafttank deines Geistes. Anstatt deine geballte kreative Power auf dein Wunschziel auszurichten, verlierst du sie durch deine Ausreden an das, was du NICHT willst.
Jetzt lies dir deine Gründe noch einmal durch. Streich alle durch, die du auf Anhieb als Ausreden erkennst. Diejenigen, die übrig bleiben, sind jene, an die du die meiste Kraft verlierst.
Du kannst für den Rest deines Lebens an ihnen festhängen und wirst wahrscheinlich immer »gute Freunde« finden, die dir recht geben. Oder du fragst dich jetzt noch ehrlicher, wie ernst es dir damit ist, dein Leben auf ein neues Level von Reichtum zu heben. Bist du zu 100 Prozent entschlossen? Dann übernimm zu 100 Prozent die Verantwortung.
Du solltest verstehen, dass alles, was dein Verstand an Gegenargumenten auffährt, entweder Glaubenssätze oder Umstände sind.

Glaubenssätze sind Standpunkte. Sie enthalten nie die Wahrheit. Es gibt da draußen Menschen, die unter denselben Umständen, mit ähnlichen Geschichten etwas anderes glauben und deshalb auch etwas anderes erreichen.

Auch deine **Umstände** sind KEIN Hindernisgrund. Du entscheidest, ob sie zum lebenslangen Aushängeschild deiner Erklärung werden, warum

du NICHT hast, was du eigentlich willst. Oder ob du sie neu interpretierst.
Wenn du zum Beispiel alleinerziehend mit drei Kindern bist und im Augenblick von staatlicher Unterstützung lebst, ist es verführerisch, zu denken und zu sagen: »In dieser Situation habe ich keine Chance, materiellen Reichtum zu erfahren.«
Oder du beschließt, die Bedaurer und Jammerer zu meiden und nach Beispielen in der Welt zu suchen – von Müttern in ähnlichen Situationen, die sehr wohl Reichtum erschaffen haben. Und siehe da, plötzlich findest du sie, die guten Beispiele. Plötzlich realisierst du, dass deine Ausgangssituation vielleicht herausfordernd, aber auch wertvoll ist. Vielleicht suchst du zwei Mütter, denen es ähnlich geht. Ihr schließt euch zusammen, erleichtert euch gegenseitig das Leben, verbietet euch das Jammern und konzentriert euch stattdessen auf eine Geschäftsidee. Und ein halbes Jahr später eröffnet ihr ein Café mit Kinderspielplatz. Du hast aus einer vermeintlichen »Schwäche« eine deiner größten Stärken gemacht. Wie? Indem du die geistige Verantwortung für die Interpretation deines Lebens übernommen hast. Beobachte die wirklich reichen und erfolgreichen Menschen dieser Welt.
Du wirst sie nicht jammern hören. Dafür haben sie keine Zeit.
Schließ dich an.
Verzichte ab jetzt auf Ausreden.

ERFOLGSWERK TIPP

Du findest auf www.erfolgswerk.tips im Leserbereich eine Abhandlung über die gefährlichste Krankheit der Menschheit, die Opferitis humana. Wenn du sie in den Griff bekommst, verändert sich alles garantiert zum Positiven.

LEKTION 4: KLARHEIT

Nun sind wir schon weit vorgeprescht. Du stehst mitten auf dem Feld, entschlossen, das Spiel des Reichtums proaktiv und freudvoll zu spielen. Das geht jedoch nur, wenn du weißt, wo du auf dem Spielfeld stehst und wo sich das Tor befindet. Über 90 Prozent aller Menschen, die über finanziellen Mangel klagen, kennen weder ihre exakte Ausgangssituation, noch verfügen sie über ein genaues Ziel. So kann es nicht funktionieren! Wenn du diese Zeilen zu lesen und in Sinn zu übersetzen vermagst, bist du intelligent. Unvorstellbar intelligent. 100 Milliarden Nervenzellen in deinem Großhirn warten in jedem Augenblick darauf, dass du ihnen sagst, was sie für dich erschaffen sollen. Doch genau wie jedes Navigationsgerät im Auto brauchen sie zwei Koordinaten von dir:

Wo genau befindest du dich?
Wo genau willst du hin?

Übertragen auf das Thema Reichtum bedeutet das:

Verfügst du über einen akkuraten Überblick über deine gegenwärtigen Reichtümer bzw. Schulden?
Hast du schriftlich festgehaltene präzise Ziele in Bezug auf deinen Reichtum?

Wenn du nicht auf beide Fragen mit einem deutlichen JA! antworten kannst, hör auf, dich beim Universum zu beklagen. Das ist unfair. DU hast deine Hausaufgaben nicht gemacht. Dein schöpferisches Bewusstsein kann nicht wirksam arbeiten, wenn ihm diese Koordinaten fehlen. Also lass uns Ordnung in die Sache bringen. Deinen Zielen widmen wir uns später. Analysieren wir zuerst, wo du dich gerade befindest und was du bereits hast.

Vielleicht bist du verschuldet und hast deshalb bis jetzt vermieden, nüchtern hinzuschauen. Doch glaub mir, eine klare rote Zahl auf dem Papier ist weit weniger beängstigend als das bedrohlich-unbestimmte Gefühl von Schulden im Nacken. Deine Schulden werden sich erst verringern, wenn du sie benennst. Viele meiner Klienten registrieren beim vollständigen Aufzählen ihrer Reichtümer erstaunt, wie reich sie schon sind!

Übung

Wenn du guten Reichtum manifestieren und genießen möchtest, verschaff dir Klarheit über das, was ist. Investiere eine Stunde deines Lebens in eine innere und äußere Bestandsaufnahme und staune, wie viel Energie allein dadurch frei wird. Die folgenden Fragen unterstützen dich dabei. Notiere dir deine Antworten in dein Notizbuch.
Wie lautet deine Definition von Reichtum?
Was gehört für dich alles zu gutem Reichtum dazu?
Schätze, wie viel Prozent deiner Zeit an einem durchschnittlichen Tag deines Lebens du dich reich FÜHLST und wie viel Prozent arm? Würdest du dich als reichen Menschen beschreiben?

Auf einer Skala von 1–10, wie reich erlebst du dich finanziell?
Auf einer Skala von 1–10, wie reich erlebst du dich gesundheitlich?
Auf einer Skala von 1–10, wie reich erlebst du dich geistig?
Auf einer Skala von 1–10, wie reich erlebst du dich mit deinen zwischenmenschlichen Beziehungen?
Auf einer Skala von 1–10, wie reich erlebst du dich, was die Erfahrung von Glück betrifft?

Wo würdest du dich – bezogen auf die Reichtumsverteilung der Weltbevölkerung – gefühlsmäßig einordnen?

In die reichsten fünf Prozent?

In die reichsten zehn Prozent?

Im oberen Drittel?

Im zweiten Drittel?

Darunter?

Setze einfach mal ein Kreuz.

Ist dir bewusst, dass du, wenn wir alle wichtigen Komponenten eines reichen Lebens (Einkommen, gesundheitliche Versorgung, Rechtssicherheit, Meinungsfreiheit, freie Bildungsmöglichkeiten, Frieden ...) bedenken, auf alle Fälle zu den reichsten zehn Prozent dieser Erde gehörst? Darüber solltest du mal nachdenken.

Dein materieller Reichtum

Lass uns noch ein bisschen weitermachen damit, dir einen genauen Eindruck deiner jetzigen Position zu verschaffen.

Übung

Liste in deinem Notizbuch alle deine Vermögensbestände so genau wie möglich auf:
Wie viel Geld hast du auf Konten, in bar, in Lebensversicherungen, Aktien ...?
Was besitzt du an Immobilien, Auto, Technik, Möbeln, Kleidung, Schmuck ...?
Versuche, den aktuellen Zeitwert zu bestimmen. Schreibe diese Zahlen auch auf.
Was bekommst du monatlich an Geld durch Gehalt, Gewinn, staatliche Unterstützung?
Liste auch all deine Schulden so genau wie möglich auf.

Dein immaterieller Reichtum

Und weiter geht's: Schließlich besteht dein Reichtum nicht nur aus dem, was sich in Heller und Pfennig abzählen lässt.

Übung

Liste in deinem Notizbuch mindestens 20 Fähigkeiten auf, über die du verfügst und die du für dich als wertvoll ansiehst. Schreibe aus dem Bauch heraus eine Zahl dahinter, wie viel dir diese Gabe wert ist.

Beispiel

Fähigkeit	**geschätzter Wert**
Mein Sehvermögen	100 Millionen Euro
Mein Hörvermögen	______________
Meine Fähigkeit, klar zu denken	______________
Meine Fähigkeit, kreativ zu sein	______________
Meine Fähigkeit zu fühlen	______________
Summe	______________

Liste im nächsten Schritt mindestens 20 wertvolle Erfahrungen und Erlebnisse auf, die du in deinem Leben gemacht hast und die dir niemand nehmen kann. Schreibe aus dem Bauch heraus eine Zahl dahinter, wie viel dir diese Gabe wert ist.

Beispiel

Erfahrung	**geschätzter Wert**
Meine Hochzeit	1 Million Euro
Geburt meines ersten Kindes	______________
Summe	______________

Liste im dritten Schritt alle Menschen auf, mit denen du in einer Beziehung stehst, die du als wertvoll empfindest. Schreibe aus dem Bauch heraus eine Zahl dahinter, wie viel dir diese Gabe wert ist.

Beispiel

Beziehung zu ...	**geschätzter Wert**
... meiner Liebsten	______________
... meiner Tochter	______________
Summe	______________

Addiere nun alle drei Werte. Übertrage diese Liste auf ein großes Blatt Papier. Hast du bemerkt, wie schwer bis unmöglich es ist, den Wert deines immateriellen Reichtums zu benennen?

Vielleicht ist dir bei dieser Auflistung klargeworden, wie reich du tatsächlich bist. Du hast es lediglich vergessen. Das nächste Mal, wenn du dich als arm empfindest, frag dich: »Wenn ich mich jetzt gerade arm fühle, mit wem vergleiche ich mich dann?«

ERFOLGSWERK TIPP

Unsere größten Schätze sind unsere Beziehungen. Welcher Mensch bereichert dein Leben völlig selbstverständlich auf einer täglichen Basis? Wie wäre es, wenn du deinen drei größten Beziehungsschätzen heute noch sagst, wie kostbar sie für dich sind?

LEKTION 5: DAS GESETZ DER ANZIEHUNG

Auf die Gefahr hin, dass Skeptiker mich in die Esoterikecke stellen, sage ich: Das Gesetz der Anziehung existiert, und es wirkt. Allerdings wird es häufig falsch verstanden. Wir ziehen nicht das an, was wir wollen, sondern das, was wir sind.

BEISPIELE

Die Qualität deines Denkens (offen vs. starr, konstruktiv vs. destruktiv) hat eine permanente Auswirkung auf deine Chancen. Manche verwenden einen Haufen Mist als Kompost für ihre nächsten Ziele. Andere schlagen daneben ihr Zeltlager auf und meditieren darüber, bis der Haufen so groß geworden ist, dass nichts anderes mehr zu erkennen ist.

Die Qualität deiner Kommunikation öffnet oder schließt Türen, begeistert Mitmenschen oder turnt sie ab, isoliert dich oder bildet schlagkräftige Teams. Ob du lächelst oder nicht – so banal es klingen mag –, macht einen Unterschied. Zahlreiche Experimente unterstreichen, wie stark Menschen auf den ersten Gesichtsausdruck reagieren, den du ihnen schenkst.

Das, was du heute tust, ist der Samen deiner Ernte in zwölf Monaten. Das, was du heute als deinen Reichtum bzw. deine Armut erlebst, ist nicht durch Zufall entstanden, sondern es ist das Ergebnis unzähliger kleiner und großer Handlungen in deiner Vergangenheit.[2]

Das Gesetz der Anziehung wirkt logisch und praktisch. Und es bringt eine Herausforderung mit sich. Denn wenn wir anziehen, was wir sind, bedeutet dies im Umkehrschluss: Wir müssen zuerst reich sein, um noch mehr Reichtum in unser Leben einladen zu können. Wie geht das? Was ist, wenn wir Schulden haben? Heißt das, wir kommen da nie wieder raus? Nein. Wie du hoffentlich bei deiner Bestandsaufnahme registriert hast, stellen deine materiellen Reichtümer nur einen Bruchteil deines wahren Schatzes dar. Woran machst du normalerweise die Erfahrung von Reichtum fest? An der Zahl auf deinem Konto? Sagt sie wirklich etwas über dich und deinen Wert aus? Nein![3] Das bist nicht du! Auch wenn du dich

---

2 Siehst du das anders? Dann bitte nochmal Lektion 2 lesen.

3 Ich habe mir oft von meiner Urgroßmutter von der Weltwirtschaftskrise im Jahre 1920 erzählen lassen, während ich mit den alten Eine-Billion-Reichsmark-Scheinen spielte. Über Nacht war alles Geld fast gar nichts mehr wert. Die Menschen fuhren mit einem Leiterwagen voller Scheine zum Bäcker, um ein Brot zu erwerben. Viele nahmen sich damals das Leben, weil sie ihren Wert an ihr Bankkonto gekoppelt hatten.

in der Vergangenheit eventuell damit verwechselt hast.
Erlaube keinem Kontoauszug dieser Welt, ein Urteil über deinen Reichtum zu fällen. Im Augenblick über wenig Geld zu verfügen bedeutet, dass du nicht alles tun kannst, was du dir wünschst. Es heißt nicht, dass du arm bist. Die Entscheidung über deinen wahren Reichtum trifft kein Banker dieser Welt, sondern dein Geist. Wenn du das Spiel drehen willst, musst du deine Ausstrahlung ändern. Das schaffst du nur, wenn du beginnst, dich auf die Fülle anstatt auf den Mangel zu konzentrieren.

Du kannst jeden Morgen aufstehen und runterbeten, was du alles nicht hast. Und du wirst dich arm fühlen. Du wirst arm denken. Du wirst arm handeln.
Du kannst jeden Morgen aufstehen und dir bewusst machen, was du alles bereits hast. Und du wirst dich reich fühlen. Du wirst reich denken. Du wirst reich handeln. Du wirst mehr Reichtum anziehen.

Wie du das schaffst

Verweigere dich dem Gedanken, es wäre nicht genug für alle da. Konzentriere dich nicht auf die bereits vorhandene Materie und versuche nicht, ein Stück vom Kuchen abzubekommen. Das erzeugt Gier und Angst. Tatsache ist, dass unser gesamtes sichtbares Universum einem Feld unendlich potenter Energie entsprungen ist. Dass wir Menschen noch nicht gelernt haben, diese Energie großzügig und im Vertrauen zu nutzen, heißt nicht, dass nicht genug davon da ist. Klingt das zu abgefahren für dich? Hier zwei konkrete Beispiele:

BEISPIELE

Auf diesem Planeten ist ausreichend zu essen für alle da. Warum verhungern dennoch täglich Tausende? Weil wir es als Menschheit bisher nicht geschafft haben, uns großzügig und konstruktiv in einem gemeinsamen Anliegen zu verbinden.

Wieso haben wir bis jetzt keine kollektive, intelligente und ökologische Lösung für unseren Energieverbrauch gefunden? Nicht aus Mangel an Energie. Die Sonne liefert in nur drei Stunden so viel Energie, dass damit der Jahresbedarf der gesamten Erdbevölkerung abzudecken wäre. Zu viele Kleingeister kochen immer noch aus Gier und Angst eine Suppe, die einige wenige auf Kosten der Erde und auf Kosten von uns allen satt macht.

Vielleicht fragst du dich, was du damit zu tun hast. Nun, erinnere dich daran: Du hast dich dafür entschieden, das Ganze als dein Spiel zu betrachten! Warte nicht auf die Erleuchtung der anderen. Geh den ersten Schritt. Löse dich von der geistigen Illusion des Mangels. Hör auf, wie ein hypnotisiertes Kaninchen auf das kleine Häufchen Materie zu starren, das du dir vorstellen kannst. Höre auf, dem Geld hinterherzurennen, weil du glaubst, arm und unvollständig zu sein. Du wirst mehr Reichtum im Außen erschaffen und anziehen, wenn du bereit bist, deinen bereits vorhandenen Reichtum voll anzuerkennen. Worin besteht er? Natürlich auch aus der Kohle auf dem Konto oder dem Auto vor deiner Tür. Doch das sind Peanuts im Vergleich zu deinem wahren Reichtum.

Wenn du diese Worte hier liest und sie Sinn für dich ergeben, dann verfügst du über den größten Schatz: einen gut funktionierenden Geist.

Schau dich um. Alles, was du als materiellen Reichtum wertschätzt, wurde durch Geist manifestiert. Jeder Krieg wurde durch Geist entfesselt. Jeder Frieden durch Geist erbracht. Wie willst du diesen mächtigen Schatz nutzen?
Dir stehen jeden Tag 50 000 bis 60 000 Gedanken zur freien Verfügung. Jeder einzelne hat das Po-

tenzial, dein Leben in eine neue Richtung zu lenken. Wie nutzt du diesen Reichtum?
Du kannst ewig und drei Tage darauf warten, dass sich die äußere Welt verändert. Selbst wenn dies kurzfristig geschehen sollte, wird sie sich doch wieder deinem inneren Feld anpassen. Die gute Nachricht: Du kannst die Frequenz, auf der du sendest, jederzeit, innerhalb von Sekunden, von Angst auf Liebe, von Enge auf Weite umstellen. Du musst dich dafür nicht verändern, sondern dich lediglich daran erinnern, was für ein großzügiges Wesen du in der Tiefe schon immer gewesen bist.
Die folgenden Lektionen erklären dir konkreter, wie du deine innere Frequenz von Mangel auf Fülle umstellen kannst.

LEKTION 6: DIE ANZIEHUNGSKRAFT DEINER SELBSTLIEBE

Wenn du guten Reichtum manifestieren möchtest, praktiziere konsequent Selbstliebe.
Das klingt etwas nüchtern, und genauso meine ich es auch. Viele meiner Klienten sitzen dem Irrtum auf, sie müssten sich erst einmal toll finden, bevor sie sich auch lieben dürften. Es verhält sich genau umgekehrt: Behandle dich täglich mindestens einmal bewusst gut – egal wie du dich fühlst. Dann werden im Lauf der Zeit deine Gefühle hinterherziehen, und eines Morgens wachst du auf, und der Satz »Ich liebe mich genau so, wie ich bin« geht dir ganz selbstverständlich über die Lippen.

Das mächtigste Programm in deinem Leben ist das Urteil, das du bewusst und unbewusst über dich gefällt hast. Es bestimmt alles!!!

Dein von dir festgelegter Selbstwert entscheidet über die Qualität deiner Beziehungen, deine Art zu arbeiten, dein Verhältnis zur Schöpfung, deinen Umgang mit Geld. Es gibt einen Zusammenhang zwischen dem Grad deiner Selbstliebe und der Erfahrung von Reichtum. Erachtest du dich als nicht wertvoll, wirst du dem Geld hinterherrennen oder, wenn du auf ihm sitzt, es nicht genießen können. Es lohnt sich deshalb sehr, wenn du dich ausführlich und ehrlich mit deiner Beziehung zu dir selbst auseinandersetzt.

Ich wurde einmal gefragt, wo der Wendepunkt auf meinem Weg aus dem Mangel in die Fülle war. Der entscheidende Durchbruch war definitiv, dass ich beschloss, mich selbst unabhängig von Anerkennung, Geld und Erfolg lieben zu lernen. Seitdem haste ich nicht mehr dem Leben hinterher. Es kommt zu mir. Auch in Form von materieller Fülle.

Wenn du dich selbst achtest, gehst du bewusst mit Geld um. Du kannst es halten, genießen und freudvoll ausgeben. Du empfindest dich als kostbaren Bestandteil des Universums – wert, durch das Leben, auch in Form von Geld, genährt, getragen, gefördert zu werden. Wenn du dich selbst liebst, machst du deinen Selbstwert nicht von Geld abhängig. Auch wenn das Konto mal ins Minus rutscht, weißt du, wer du bist, und bewahrst dir Würde und ein stilles Lächeln.

Du magst dich nicht? Dann höre bitte auf, dem Geld hinterherzurennen, und stelle als Erstes eine gesunde, lustvolle Beziehung zu dir selbst her. Was dir vielleicht vorkommt wie ein Umweg, ist in Wahrheit der Weg zum Ziel.

ERFOLGSWERK TIPP

Du findest im Leserbereich einen Videovortrag zum Thema Selbstliebe[4] und eine geführte Meditation. Sehr empfehlenswert.

4 Siehe auch: Veit Lindau: Coach to go. Selbstliebe. Willkommen zu Hause in dir!, Goldmann, München 2016.

LEKTION 7: DIE MACHT DER BEWUSSTEN ANERKENNUNG

Alles, was du bewusst in seiner Präsenz anerkennst, wird mehr.

Für mich ist dies das eleganteste Gesetz der Schöpfung. Denn etwas anzuerkennen kostet dich nichts. Im Gegenteil, es setzt Energie frei. Anerkennung bedeutet, deine Aufmerksamkeit auf einen Aspekt der Realität zu lenken und seine Präsenz zu bestätigen. Da dein Bewusstsein schöpferisch wirkt, erschaffst du mit deiner Aufmerksamkeit automatisch mehr vom Objekt deiner Aufmerksamkeit.

Wie kannst du nun das Prinzip der Anerkennung konkret in deinem Leben nutzen? Die Frage ist nicht, OB du es nutzt. Denn du tust es bereits. Du weißt, wie es geht. Die spannende Frage ist: Nutzt du das Prinzip, um mehr von dem zu erschaffen, was du liebst, oder mehr von dem, was du hasst?

Du kannst dich den ganzen Tag darauf konzentrieren, was in deinem Leben alles nicht stimmt, was du falsch machst, was noch fehlt ... und du wirst dadurch noch mehr Mangel und weitere Fehler erschaffen. Wie oft gehst du am Abend ins Bett und widmest deinen allerletzten Gedanken einer Sache, die nicht zu deiner Zufriedenheit lief, anstatt den 99 kleinen und großen Aufgaben, die du wie selbstverständlich gemeistert hast?

Wenn du beginnst, die kleinen und großen Wunder, an denen du täglich mitwirkst, bewusst anzuerkennen, bestätigst du deine schöpferische Macht. Dein Unterbewusstsein registriert das und erschafft mehr davon. Gewöhne dir an, den materiellen Reichtum, den du bereits genießt, jeden Tag bewusst anzuerkennen und mit deinen Mitmenschen zu teilen. Das ständige Anerkennen deines Reichtums ist eine kontinuierliche, starke Botschaft an dein Unterbewusstsein. Es kooperiert mit dir und beginnt, mehr Reichtum für dich zu erschaffen.

Dankbarkeit

Mach dir bewusst, dass in diesem Universum nichts, aber auch gar nichts selbstverständlich ist. Alles, worüber du heute verfügst (ein Dach über dem Kopf, Nahrung, Bildung, wohlwollende Menschen), sind gewissermaßen »Zusatzleistungen«. Wann hast du sie das letzte Mal anerkannt?

Wenn du täglich dankbar wahrnimmst, was dir gegeben wurde, genießt du es intensiver.

Indem es in deinem Bewusstsein auftaucht, lädst du die Überzeugung »Ich bin bereits reich!« mit Kraft auf.

Deine Ausstrahlung wird positiver.

Du nimmst mehr Chancen wahr.

Andere Menschen gehen bereitwilliger auf dich zu.

Siehst du, was der Knackpunkt ist?

ERFOLGSWERK TIPP

Verbringe die letzten fünf Minuten eines jeden Tages damit, dir deinen bereits existierenden Reichtum bewusst zu machen. Denke kurz vor dem Einschlafen darüber nach, wofür du dankbar bist. Mach das drei Monate lang und staune, was geschieht! Im Leserbereich findest du eine Empfehlung für einen speziellen Kalender und eine App, die dich dabei unterstützen können.

LEKTION 8: GROSSZÜGIGKEIT

Verhalte dich wie ein König, und dein Königreich kommt zu dir. Wenn du das Gesetz der Anziehung verstanden hast, weißt du auch, warum dich wahre Großzügigkeit vielleicht kurzfristig etwas kostet, langfristig jedoch immer beschenkt. Ich höre oft Menschen sagen: »Wenn ich mal reich bin, dann werde ich Gutes tun. Ich werde meinen Reichtum großzügig mit anderen teilen.« Mal abgesehen davon, dass ich glaube, dass viele das nur behaupten, um sich gut zu fühlen, funktioniert es auch nicht. Das weiß ich, weil ich auch so dachte. Bis mir das Leben eine Frau an die Seite stellte, deren größte Freude im Teilen besteht. Das tat sie auch dann, als wir knietief im Dispo steckten. Meine Logik war berechnend: »Wir können niemandem etwas abgeben, wenn wir selbst Schulden haben.« Die Logik meiner Frau war bestechend einfach: »Schatz, bei 15 000 Euro Schulden macht es doch keinen großen Unterschied, wenn ich unserer mittellosen Nachbarsfamilie einen Essenskorb für 50 Euro vor die Tür stelle.«

Ich bin ehrlich: Ihre Großzügigkeit trieb mich in die Verzweiflung. Doch irgendwann erkannte ich die langfristigen Wirkungen. Sie brach meine innere Enge auf. Ich begann, mich besser und rei-

cher zu fühlen. Größere Gedanken stellten sich ein. Sie erlaubten mir größere Visionen. Diese führten zu mutigeren Taten und diese wiederum zu mehr materiellem Reichtum.
Ich will dich nicht dazu verleiten, bewusst mehr Schulden zu machen. Meine Frau war, was das betrifft, hardcore drauf. ;-) Ich möchte dich dafür sensibilisieren, dass es immer etwas gibt, das du teilen kannst.

Großzügigkeit ist eine sehr intelligente Lebenseinstellung. Sie generiert Freude und aktiviert das Gesetz der Anziehung.

Durch welche konkreten Gesten könntest du der Welt und vor allem dir selbst demonstrieren, dass du bereits sehr reich bist?
Was kannst du heute schon auch materiell mit anderen teilen?

ERFOLGSWERK TIPP

Es gibt wenige Dinge, die den König, die Königin in dir stärker wecken, als Verantwortung für ein anderes Wesen zu übernehmen. Egal für wie arm du dich hältst, in dieser Welt gibt es wesentlich ärmere Menschen. Wie wäre es, wenn du die Patenschaft für ein Kind übernimmst, für das du mit 20 bis 30 Euro im Monat einen echten Unterschied bewirken kannst? Mich hat diese Erfahrung zutiefst verwandelt. Du findest auf der Website einige Links zu Patenschaftsprojekten.

LEKTION 9: MUT ZUM NEIN

Wenn du gesunden Reichtum in dein Leben einladen willst, lerne NEIN zu sagen und klar und kompromisslos Grenzen zu setzen.

Ist dies ein Widerspruch zur gerade besprochenen Großzügigkeit? Nein.

Es gibt einen Unterschied zwischen Aufgabe und Hingabe.

Jemand, der sich aufgegeben hat, sagt immer JA, auch zu Umständen oder Personen, die ihm nicht guttun.

Jemand, der sich hingibt, entscheidet sehr bewusst, wo und wann er sich voll einlässt und wo er Grenzen zieht.

Dein bewusstes NEIN braucht innere Stärke. Du wirst dich dafür mit deiner Angst vor Ablehnung und Einsamkeit auseinandersetzen müssen. Doch du wirst dieses NEIN auch brauchen, um nicht Opfer deiner Gier zu werden. Gesunder Reichtum braucht auch eine gesunde Fähigkeit zum Verzicht. Willst du wissen, was der einfachste und schnellste Weg zu gesundem Reichtum ist? Gewöhne dir an, täglich etwas mehr NEIN zu dem zu sagen, was dir schadet, und etwas mehr JA zu dem, was dich stärkt.

Übung

Wo in deinem Leben ist es Zeit, NEIN zu sagen? Nein zu einer schlechten Gewohnheit. Nein zu unwesentlichen Zeitverschwendungen. Nein zu Energieräubern.
Schreib die Liste in dein Notizbuch.

LEKTION 10: ALLES IST EIN SPIEGEL

Was ist eigentlich Geld? Darüber wurden viele aufschlussreiche Bücher geschrieben. Einige davon stelle ich dir auf der Erfolgswerk-Website vor. Ich empfehle dir, dich ausführlich über Geld und seinen Ursprung zu informieren, wenn du das Spiel erfolgreicher spielen willst. Nichts ist nämlich so, wie es auf den ersten Blick scheint. Ich möchte mich hier auf drei Thesen konzentrieren:

Geld ist ein Tauschmittel

Die Geschichte des Geldes begann mit einer genialen Idee: »Lass uns nicht mehr all unsere Güter und Dienstleistungen mit uns herumschleppen, sondern nur noch kleine Objekte wie Muscheln, Münzen, Scheine, die für jeden von uns denselben Wert symbolisieren. Diese Objekte kann man jederzeit gegen Produkte und Dienstleistungen tauschen.« Die Erfindung des Geldes gilt zu Recht als einer der größten Meilensteine in der Geschichte der Menschheit. Leider wurde diese ursprüngliche Funktion durch die Erfindung des Zinseszins und die darin versteckte Habgier des Menschen korrumpiert. Du kannst aber immer noch durch Geld sehr viel über die Gesetzmäßigkeiten des Tauschens und Teilens lernen. Sollte Geld irgendwann abgeschafft werden, wird es ein neues Tauschmittel geben.

Geld ist ein Mittel zur Bedürfniserfüllung

Das ist so offensichtlich, dass wir es gern vergessen. Denn viele Prozesse in unserer Gesellschaft dienen gar nicht mehr der Erfüllung unserer Bedürfnisse, sondern bedienen den Geldkreislauf. Viele Menschen rennen dem Geld hinterher, ohne sich im Klaren zu sein, worum es ihnen wirklich geht. Aufgewacht! Geld ist nur ein Mittel. Nicht der Zweck. Je genauer du erkennst, welche Bedürfnisse du dir tatsächlich erfüllen möchtest, desto unabhängiger wirst du innerlich vom Geld und – paradox! – desto erfolgreicher kannst du es manifestieren.

ERFOLGSWERK TIPP

Du findest im Leserbereich einen ausführlichen Videovortrag über die Macht der Bedürfnisse. Erfahre, welche Grundbedürfnisse es gibt und wie sie dich steuern.

Geld ist ein Spiegel

Wir sprechen immer von *dem* Geld. Doch das gibt es gar nicht. Da Geld ja nur eine Idee ist, auf die wir uns geeinigt haben, ist es eine hervorragende Projektionsfläche. Geld ist ein Spiegel unserer individuellen und kollektiven Psyche. Solange der Großteil der Menschheit Angst und Habgier nicht in den Griff bekommt, wird es kein gerechteres Finanzsystem geben. Solange du die Licht- und Schattenaspekte deiner Psyche, die du auf das Thema projizierst, nicht zu dir zurückholst und auflöst, wird sich deine Beziehung zu Geld nicht ändern. Deshalb mein Rat: Wenn du mit Geld zu tun hast, nimm es als deinen persönlichen Spiegel an. Schau ehrlich und aufmerksam hinein. Was erzählt er dir über deinen Selbstwert, deine Urängste, deine Unklarheit, Faulheit, Gier ...? Wie kannst du nun Geld als einen Spiegel der Selbsterkenntnis nutzen?

Übung

Leg einen kleinen Stapel Geld (Scheine und Münzen) neben dein Bett oder auf deinen Schreibtisch. Wenn du ungestört bist, sprich mit dem Geld. Das hört sich verrückt an, aber probier es aus. Du kannst ihm alle Fragen stellen, die dir einfallen. Dann schreibe unzensiert alle Antworten auf, die in dir auftauchen. Manche ergeben vielleicht zunächst keinen Sinn. Mach einfach weiter. Bald kommen die ersten Aha-Erlebnisse.

Beobachte dich so genau wie möglich im Umgang mit Geld.
In welchen Situationen erlebst du Spannungen?
Sie sind immer ein Anzeichen für dein Schattenpotenzial.

LEKTION 11: DEINE GEDANKEN WERDEN DINGE

In den bisherigen Lektionen haben wir uns vor allem darauf konzentriert, den IST-Zustand deines Reichtums klarer wahrzunehmen. Da wir in einer stark aktionslastigen Gesellschaft leben, möchte ich noch einmal betonen, dass allein das bewusste Anerkennen dessen, was ist, die Dinge bereits positiv und nachhaltig wandelt. Der mächtigste Hebel für jede von dir herbeigesehnte Veränderung ist ein Shift, sprich ein Wandel, in deinem Bewusstsein.
In den folgenden Abschnitten stelle ich dir nun Lektionen vor, die das schöpferische Momentum verstärken. Mit anderen Worten: Sie bringen Bewegung in die Sache. Deine innere Landkarte setzt sich aus deinen Erfahrungen, Überzeugungen und Werten zusammen. Wenn du in deiner Kindheit gelernt hast, dass du nicht wichtig bist und nichts kannst, wirst du die Chancen, die dir das Leben bietet, wahrscheinlich nicht so effektiv nutzen wie jemand, der viel Liebe und Anerkennung erfahren hat.

Deine innere Landkarte enthält – vereinfacht ausgedrückt – deine konzentrierte Vorstellung vom Leben:

- Wie die Welt funktioniert.
- Wer du bist und was du kannst.
- Wie Männer und wie Frauen sind.
- Was Geld bedeutet.
- Ob es dir zusteht.
- Und so weiter ...

Dass diese Landkarte existiert, ist den wenigsten Menschen bewusst. Dein Unterbewusstsein benutzt drei Filter (Löschen, Verzerren, Verallgemeinern), um deine äußere Wirklichkeit an deine Glaubenssätze anzupassen.

Wenn du zum Beispiel davon überzeugt bist, dass das Leben ungerecht ist und du immer betrogen wirst, ist die Wahrscheinlichkeit groß, dass dein Unterbewusstsein ...

- ... viele kleine und große positive Ereignisse einfach übersieht (Löschen),
- ... sie so lange misstrauisch beäugt, bis du das Haar in der Suppe findest (Verzerren),
- ... und die negativen Erfahrungen überbewertet (»*Immer* passiert mir das!« = Verallgemeinern).

Das Problem: Diese Anpassungsprozesse geschehen so schnell, dass du sie meist nicht wahrnimmst. Du erlebst nur das Resultat, nämlich, dass sich die Welt so verhält, wie du *glaubst*.

Wenn ich also sage: »Deine Gedanken werden Dinge«, meine ich ausdrücklich nicht nur deine paar bewusst gedachten angenehmen Gedanken, sondern den gesamten Strom deines Denkens. Du stehst am Morgen auf, und dein Geist beginnt automatisch alles, was um dich herum geschieht, deiner inneren Landkarte anzupassen.

Du glaubst nicht, was du siehst.
Sondern du siehst immer, was du glaubst.
Deshalb wähle weise, woran du glauben möchtest.

Dein Geist löscht alle Informationen, die nicht zu deinem Glauben über Reichtum und Geld passen.
Er betont alles, was deine Überzeugungen bestätigt.
Er sorgt dafür, dass die meisten deiner 50 000 bis 60 000 Gedanken in eine Richtung gehen, die deine innere Landkarte bestätigt.
Er kreiert Gefühle in dir, die deine Erfahrungen noch vertiefen.
Er beeinflusst deine Ausstrahlung, sodass du auch nonverbal (durch Körperhaltung, Mimik, Kleidungsstil) nach außen signalisierst, woran du glaubst.
Er sucht Menschen als Gesprächspartner aus, die ähnlich denken wie du.
Er lässt dich Chancen übersehen, die dir die Welt zu neuen Möglichkeiten eröffnet hätten.

Er sorgt dafür, dass du Geld verlierst, verborgst, sinnlos ausgibst, wenn die Summe dessen, was du hast, den Rahmen dessen sprengt, was du dir innerlich zugestehst.
Sein genialster Schachzug: Er sorgt dafür, dass die Art, wie du heute und morgen handelst, in einigen Wochen und Monaten genau die Ergebnisse bringt, die deine alten Überzeugungen bestätigen. Dann schaust du auf die konkreten Resultate – zum Beispiel deinen Kontoauszug – und denkst: »Ich wusste es ja. Ich schaffe es einfach nie.«
Die Intelligenz deines internen Manifestationssystems ist zum Niederknien! Leider greifen die meisten Menschen nie bewusst ein, sondern bleiben ihr Leben lang in diesem mentalen Wiederkäumechanismus.
Kommen wir zu den guten Nachrichten. Du kannst den Verlauf deines Lebens signifikant beeinflussen, indem du die Elemente deiner inneren Landkarte dauerhaft veränderst. Deine finanzielle Wirklichkeit spiegelt deine Überzeugungen in Bezug auf Geld und Reichtum wider. Ein reicher Mensch hat andere Überzeugungen als du. Verändere deine Überzeugungen, und deine Realität passt sich an.
Wie machst du das?
Indem du zuerst deine alten Überzeugungen aufdeckst und Verantwortung für sie übernimmst. Allein dadurch verlieren sie bereits an Macht.

Denn nun wirken sie nicht mehr »im Geheimen«, sondern du kommst ihnen auf die Spur.

Deine alten Überzeugungen aufdecken

Es gibt einige Möglichkeiten der Erforschung. Ich empfehle dir, sie ehrlich und kompromisslos anzuwenden. Dir nüchtern anzuschauen, was du tatsächlich denkst, wie stark dich Neid, Angst und Zweifel manchmal im Griff haben, fühlt sich eventuell schrecklich peinlich an. Doch bedenke: Eine alte Überzeugung, von dir durch ein paar positive Floskeln verschleiert, wirkt im Unterbewusstsein umso stärker. Ist sie einmal enttarnt und gelingt es dir, ihre Existenz mit einem neugierigen Schmunzeln anzuerkennen, verliert sie an Kraft.

Erforsche deine Wurzeln

Schau dir an, woher du kommst.

Welche Überzeugungen haben dir Eltern, Großeltern, Lehrer, Gesellschaft und Kirche vermittelt?
Was haben deine Eltern dir in Bezug auf Geld, Reichtum und Erfolg vorgelebt?
Welches sind deine stärksten Einflüsse in Bezug auf Geld? Welche Menschen? Welche Ereignisse?
Welche Sprichwörter fallen dir in Bezug auf Geld, Reichtum und Erfolg ein, die du eventuell in deiner Kindheit oft gehört hast?

Dein gegenwärtiges Leben
Schau dir dein gegenwärtiges Leben an und zieh den Umkehrschluss: Welche Glaubenssätze in Bezug auf Geld und Reichtum müsste ein Mensch in sich tragen, um so eine Realität zu erschaffen?

Lass deine Zunge sprechen
Es gibt eine weitere Möglichkeit, deinen verborgenen Grundüberzeugungen in Bezug auf Geld und Reichtum auf die Spur zu kommen. Probiere dazu die folgende Übung aus.

Fragebogen

Vervollständige schnell, ohne nachzudenken, die folgenden Sätze:

Geld ist ...

____

____

Wenn ich an Geld denke ...

____

____

Erfolgreiche Menschen sind ...

Reiche Menschen sind ...

Mein Wert auf dieser Erde ist ...

Arbeit und Freude sind ...

Geld und Herz sind ...

Wenn ich reich wäre, dann ...

Was mich davon abhält, finanziell voll erfolgreich zu sein ...

____

____

Meine Eltern haben mit Geld immer ...

____

____

Meine Großeltern haben in Bezug auf Geld immer ...

____

____

Meine größte Angst in Bezug auf materiellen Reichtum ist ...

____

____

Mein größter Wunsch in Bezug auf materiellen Reichtum ist ...

____

____

Um viel Geld anzuziehen, müsste ich ...

____

____

Ich benutze meine Geldknappheit, um ...

Ich verstecke hinter meinem Mangel, dass ich ...

Um wirklich erfolgreich zu sein, müsste ich ...

Mein tiefster Zweifel an meinem Wert kommt von ...

Geld und Spiritualität sind ...

Der Preis für ein erfolgreiches Leben ist ...

Der Preis für ein materiell reiches Leben ist ...

Um materiellen Reichtum voll zu erfahren, werde ich ...

____

____

Mein nächster wichtiger Schritt zu einem materiell erfüllten Leben besteht darin ...

____

____

Mit Hilfe dieses Buchs werde ich ...

____

____

In Bezug auf Reichtum bin ich bereit ...

____

____

Was ich jetzt gerade lerne, ist ...

____

____

Den Wandel einleiten

Lass uns nun nicht mehr auf deine alten Glaubenssätze schauen, sondern darauf, wie du neue Überzeugungen formulieren könntest.

Übung

Wie möchtest du ab jetzt Geld und Reichtum erfahren? Welche neuen Glaubenssätze passen dazu? Benenne zehn neue, klare, kraftvolle Glaubenssätze in Bezug auf Geld und Reichtum.
Schreibe sie in dein Notizbuch.

Die innere Landkarte sanft transformieren

Was den Umgang mit den alten Glaubenssätzen angeht, ist mein Rat an dich: Kämpfe nicht gegen sie an. Sie waren nie deine Feinde. Sie haben dir bis hierher gedient. Entziehe ihnen langsam und sanft deine Energie, indem du die neuen mit Kraft füllst.

1. Schreibe sie auf.
2. Wähle pro Tag einen Glaubenssatz aus. Denke ihn täglich mindestens ein Mal bewusst.
3. Erlaube dir dabei, den betreffenden Glaubenssatz zu fühlen.
4. Frage dich im Laufe deines Tages immer wieder: Wie würde sich ein Mensch fühlen und verhalten, der zutiefst von diesem Satz überzeugt ist?

ERFOLGSWERK TIPP

Du findest im Leserbereich ein hochwirksames Ritual, um alte Glaubenssätze in neue zu transformieren.

LEKTION 12: KLARE ABSICHT

»Gib mir einen festen Punkt im All, und ich hebe die Welt aus den Angeln.«

Archimedes

Dieser feste Punkt für jede Veränderung, die du herbeisehnst, ist deine ABSICHT! Du erhältst langfristig immer, was deiner tiefsten Absicht entspricht. Bevor du jetzt protestierst und mir innerlich entgegenrufst: »Das stimmt nicht. Ich bekomme oft etwas anderes, als ich beabsichtige!«, erinnere dich bitte an das, was wir im letzten Kapitel besprochen haben. In unserem Denken existieren oberflächlichere und tiefere Gedankenströme. Falls du also glaubst, deine wahre Absicht sei es, reich zu sein, möchte ich dich fragen:

Bist du für mehr inneren und äußeren Reichtum bereit, deine Denk- und Verhaltensgewohnheiten signifikant zu ändern?
Hast du in den letzten Monaten jede Woche mindestens ein Buch über Geld und Reichtum gelesen?
Hast du präzise finanzielle Ziele aufgestellt und widmest ihnen täglich mehrere Handlungen?
Hast du in den letzten Monaten mit kompetenten Menschen über diese Themen gesprochen?

Wenn du auf diese Fragen nicht oder nur zögerlich mit JA antworten kannst, ist deine Absicht, reicher zu sein, nicht klar! Dann wünschst du dir vielleicht, reicher zu sein. Doch das ist nicht dasselbe wie eine eindeutige, unerschütterliche Absicht. Kannst du den Unterschied fühlen? Ich empfehle dir, ruhig und selbstkritisch herauszufinden, was du denn wirklich-wirklich willst. Wünsche, die dir nicht so wichtig sind, dass du bereit bist, dich dafür zu verändern, fressen nur Zeit und sorgen langfristig für Enttäuschung. Manchmal hilft es dir mehr, einen nur »lauwarmen« Wunsch zu enttarnen und loszulassen, anstatt dir selbst und anderen ewig vorzumachen, dass du das tatsächlich willst.

Eine starke Absicht steht auf zwei Säulen:

Fokus bedeutet: Ich kann dich nachts um zwei aus dem Schlaf klingeln, und du kannst mir deine Reichtumsziele exakt aufzählen.

Kontinuum bedeutet: Du bist fest entschlossen, deinen Fokus jeden Tag auf deine Ziele auszurichten – und zwar in deinen Gedanken UND Handlungen.

Wie sieht es aus mit deiner Absicht, reicher zu sein? Wünschst du es dir bloß, oder bist du fest entschlossen, es zu sein?
Dann brauchst du jetzt Fokus + Kontinuum.

Dein Fokus

Damit sich deine mentale Power fokussieren kann, braucht sie klare, präzise, messbare Ziele.
»Ich will reich sein« ist kein Ziel. Tatsächlich ist das bereits Realität. Wenn du jetzt gerade dieses Buch liest, bist du schon reich. Ich empfehle dir, mit zwei Zielen zu arbeiten. Eines widmest du deinem inneren und eines deinem äußeren Reichtum.

Innerer Reichtum: Auf welche Weise und wie oft möchtest du deinen inneren Reichtum erfahren? In Form von Dankbarkeit, Frieden, Großzügigkeit, Vertrauen?

Äußerer Reichtum: Wie soll sich dein Reichtum in der konkreten Welt manifestieren? Hier bietet sich ein konkretes Finanzziel an.

Ich halte diese Kombination für sehr sinnvoll. Denn was nutzt dir wesentlich mehr Geld, wenn du stinkunglücklich bist? Und für deinen inneren Frieden ist es sicher förderlich, wenn du auch weltlich über ein angemessenes Maß an Freiheit verfügst.
Beide Ziele sollten folgenden Kriterien entsprechen:

- Das Ziel ist spezifisch und messbar. Du musst in der Lage sein zu überprüfen, ob du es erreicht hast. Dazu gehört auch ein klares Datum, wann du dein Ziel erreicht haben willst.
- Das Ziel ist für dich persönlich attraktiv. Du fühlst aufrichtige Freude, wenn du daran denkst.
- Das Ziel steht in angenehm-herausfordernder Entfernung zu deiner gegenwärtigen Realität. Wenn es zu nah an deiner Gegenwart liegt, wirst du dich wahrscheinlich nicht ernsthaft dafür in Bewegung setzen. Ist es zu hoch angesetzt, bekommt dein Unterbewusstsein es nicht mehr zu fassen oder löst es negativen Stress aus. Nehmen wir an, du hast bis jetzt von 1000 Euro im Monat gelebt und stellst

dir nun zehn Millionen Euro als Ziel auf. Kannst du das noch fühlen? Oder ist es lediglich eine surreale Zahl für dich? Warum nicht mit 2000 Euro pro Monat beginnen, dieses Ziel erreichen, dein Selbstvertrauen dadurch stärken und dann aufstocken?

- Formuliere dein Ziel in der Gegenwart. Schreibe nicht »Ich will/ich werde über 10 000 Euro verfügen«, sondern »Ich verfüge über 10 000 Euro«.
- Formuliere das Ziel **positiv**. (Es sollte kein *nicht* oder *kein* vorkommen.)
- **K^3**: Formuliere es kurz, klar und knackig.

Gedanken zum finanziellen Ziel

Für dein finanzielles Ziel bietet sich dein **monatliches Einkommen** oder eine **Summe X als Eigentum** auf deinem Konto (nach Abzug aller Schulden und Steuern) an.

VARIANTE 1: monatliches Einkommen als Ziel

Ich empfehle dir, dafür einige einfache Rechnungen anzustellen:

1. Errechne zuerst deine monatlichen Festausgaben (inkl. einem Minimalbetrag für Essen, Kleidung ...):

   ____

2. Wie viel möchtest du großzügig draufschlagen, damit dein Leben Spaß macht (Lustkäufe, Urlaube, Weiterbildung ...)?
3. Plus 10–20 Prozent zum Sparen.
4. Rechne diese Beträge zusammen. Addiere die Steuer, die du zu zahlen hast. Beachte, dass dein Steuersatz wahrscheinlich steigt, wenn du mehr verdienst.

Jetzt hast du ein mögliches Ziel: »Ich verdiene monatlich ... Nach allen Ausgaben, Steuern und Spareinlagen bleiben mir monatlich ... als Gewinn.« Notiere alles in deinem Notizbuch.

VARIANTE 2: Summe X zur dauerhaften Verfügung auf deinem Konto

Wenn du lieber Summe X auf deinem Konto als Ziel fixieren möchtest, lege ich dir nahe, mit deiner finanziellen Schutzmarke zu beginnen. Die berechnest du folgendermaßen:

Finanzieller Schutz = monatliche Festausgaben x 6

Dieses Etappenziel sollte das Fundament deines äußeren Reichtums sein. Zu wissen, dass du im Ernstfall (längere Krankheit, Arbeitslosigkeit) schnell in die Zahlungsunfähigkeit kämst, kann auf einer unbewussten Ebene für einen chronischen Stress- und Angstzustand sorgen. Sechs Monate Grundversorgung »auf der Kante« zu haben bringt den meisten von uns eine grundlegende Entspannung. Das Gefühl »Ich habe eine konkrete und nicht unerhebliche Summe zur Verfügung« stärkt das Reichtumsbewusstsein nachhaltig.
Wenn du diese erste Benchmark »Finanzieller Schutz« erreicht hast, kannst du dein Ziel immer weiter aufstocken. Deinen Ambitionen sind keine Grenzen gesetzt. Ich würde dabei nur immer auf die folgenden Fragen achten:
Brauche ich dieses Geld wirklich, oder ist es eine fixe Idee?
Steigert diese Summe an Geld meine Lebenszufriedenheit signifikant?

Gedanken zum inneren Reichtumsziel

Ich halte es für sinnvoll, deinen inneren Reichtum parallel zu deinen weltlichen Erfolgsexkursionen zu kultivieren. Hier mag die Formulierung eines konkreten Ziels etwas schwieriger sein. Zuerst solltest du dich fragen, was du unter innerem Reichtum verstehst. Für mich sind dies Erfahrungen von Frieden, Freiheit, Liebe, Vertrauen, Dankbarkeit und Großzügigkeit. Ich möchte, auch wenn es mal materiell eng wird, immer auf diese Schätze zugreifen können. Deshalb pflege ich den Zugang zu ihnen täglich. Ein Ziel in diesem Bereich könnte lauten: »Ich vertraue dem Leben. Ich genieße jeden Tag als eine kostbare Chance, voller Dankbarkeit und innerem Frieden. Ich begegne meinen Mitmenschen großzügig und liebevoll.« Natürlich ist dieses Ziel nicht in Zahlen messbar. Doch wenn ich mich am Abend frage: »Habe ich heute vertraut? Habe ich mein Leben wirklich genossen? Habe ich ausreichend geliebt?«, bekomme ich immer ein eindeutiges JA oder NEIN.

Dein Reichtumsziel

Hast du beide Ziele gefunden? Super! Nun formulierst du daraus ein kombiniertes Reichtumsziel. Beginne den Satz ungefähr so:

»Ich ... (dein Name) bin ... (inneres Ziel). Am ... (Datum) habe ich ... (äußeres Ziel) erreicht.«

Lies dir diesen bedeutsamen Satz mehrere Male aufmerksam durch. Welche Formulierung klingt noch nicht rund? Welches Wort könnte noch emotionaler, sinnlicher auf dich wirken? Verfeinere den Zielsatz, bis er sitzt!
Herzlichen Glückwunsch! Du hast das erste Element einer klaren Absicht etabliert. Nun musst du deinem Fokus noch Kontinuum verleihen.

Kontinuum

Was, glaubst du, unterscheidet erfolgreiche Menschen von erfolglosen? Zahlreiche Untersuchungen machen deutlich: Es ist nicht das Talent. Ich kenne einige durchschnittlich talentierte, sehr erfolgreiche Menschen und sehr viele hochtalentierte, jedoch leider erfolglose Menschen.

Drei zentrale Qualitäten machen den Unterschied aus:

- Erfolgreiche Menschen wissen genau um ihre Stärken und Schwächen. Sie setzen auf die Stärken und suchen sich zur Kompensation der Schwachstellen ergänzende Partner.[5]

5 Ausführlich beschrieben in: Veit Lindau: Coach to go. OPUS. Mach dein Leben zu einem Meisterwerk!, Goldmann, München 2016.

- Erfolgreiche Menschen verfügen immer über klare Ziele. Die hast du nun auch.
- Erfolgreiche Menschen investieren an jedem einzelnen Tag Taten in diese Ziele. Sie gehen den Weg weiter, bis sie ankommen!

Wenn du wirklich wissen willst, was für dich alles möglich ist, setze deinen Geist und deinen Hintern in Bewegung und bleib nicht stehen, bis du angekommen bist. Schreibe dein Reichtumsziel jeden Morgen auf einen Zettel. Dreh ihn um und notiere auf der Rückseite mindestens drei Handlungen, die du heute investieren wirst. Was kann das sein? Alles, was dich weiterbringt.

Hier meine Empfehlungen:

- Bilde dich täglich. Lies alle gehaltvollen Bücher über das Thema, die du bekommen kannst.
- Entwickle auf der Basis dieses Wissens eine solide Strategie, um Reichtum zu generieren.
- Arbeite täglich an der Entwicklung deiner Stärken. Sie werden den Reichtum im Außen generieren.
- Investiere täglich in das Erblühen deiner privaten und beruflichen Beziehungen. Sie sind der Boden für jeden Erfolg.

- Frage dich täglich, was du tun kannst, um deinen inneren Reichtum stärker zu erfahren. Wie kannst du heute Dankbarkeit leben? Wie kannst du dein Vertrauen vertiefen? Wie kannst du Großzügigkeit demonstrieren?

Alles klar? Na, dann leg los!

ERFOLGSWERK TIPP

Möchtest du von uns liebevoll und kontinuierlich an deine Ziele erinnert werden? Dann geh in den Leserbereich und aktiviere die REALIZER-POST.

LEKTION 13: DEIN INNERES FEUER

Der Witz am Spiel mit dem Geld ist, dass dieses Spiel sich nicht um Geld dreht und nie gedreht hat. Geld ist leer. Das musst du durchschauen. Kein Mensch will wirklich Geld, auch wenn das viele denken. Du kannst es nicht essen. Es wärmt dich nicht nachts im Bett. Du kannst kein Haus damit bauen. Es macht außer Dagobert Duck niemandem Spaß, es zu küssen.[6] Wenn du dich von der Idee besetzen lässt, es ginge um das Erreichen eines finanziellen Ziels, dann wird auf dem Weg dahin irgendwann dein inneres Feuer erlöschen. Sei kein Esel, der stur einer Karotte hinterherrennt, die ihm andere vor die Nase halten. Finde heraus, worum es dir wirklich geht. Niemand will Geld. Geld ist nur ein Mittel, um uns ein oder mehrere Bedürfnisse zu erfüllen. Wenn du verstehst, um welches Bedürfnis es sich bei dir handelt, kannst du dich stärker darauf konzentrieren. Das bringt dir zwei Vorteile. Erstens wird deine Motivation nun nicht mehr aus einer leeren Idee, sondern aus deinem inneren Feuer gespeist. Zweitens lässt du dem Universum mehr Freiheit, auf welchem Weg es dir dieses Bedürfnis erfüllt.

---

6 Oder muss ich mir Sorgen um dich machen?

BEISPIEL

Du arbeitest als Büroangestellte. Doch eigentlich brennst du für veganes Essen. Du bist eine Meisterin im Zubereiten veganer Gerichte und träumst von einer veganen Restaurantkette. Dein inneres Feuer ist entzündet. Du errechnest das Startkapital, das du brauchst, es sind 200 000 Euro. Also setzt du dir diese als Ziel. Du beginnst Überstunden zu schieben. Du nimmst Nebenjobs an. Du visualisierst immer wieder diese Summe. »Ich kann mir meinen Traum erst erfüllen, wenn ich 200 000 Euro erarbeitet habe.« Du kommst nicht mehr zum Kochen. Irgendwann kannst du nicht mehr fühlen, wofür dieses Geld gedacht war. Nach einem Jahr Schinderei gibst du enttäuscht auf. Was wäre möglich gewesen, wenn du dich auf deine Stärken konzentriert hättest und auf die Suche nach einem Menschen gegangen wärst, dessen Stärke es ist, bereits das Geld zu haben, das du brauchst?

Damit will ich nicht sagen, dass dies der einzig mögliche Weg ist. Doch wie viele Menschen geben ihre Träume auf, weil sie glauben, *zuerst* das Geld haben zu müssen, um dann die Vision zu erfüllen? Es ist genau umgekehrt. Folge radikal deinen Passions, deinem inneren Feuer, und der Erfolg folgt dir.

Stelle ruhig finanzielle Ziele auf. Doch ...

- ... verliere niemals aus dem Herzen, worum es tatsächlich geht.
- ... fixiere dich niemals auf eine Vorstellung, *wie* dieses Ziel zu erreichen ist. Es gibt hunderte Wege, die du noch nicht kennst.

Übung

Liste deine zehn bis 20 stärksten Passions auf. Schnapp dir dann einen kreativ und groß denkenden Freund und macht es euch zum Spiel, für jede dieser Passions mindestens fünf Wege zu finden, wie du damit Geld verdienen könntest.

Deine Bedürfnisse

Jeder Mensch wird unbewusst von sechs zentralen Bedürfnissen gesteuert. Sie liegen jeder deiner Handlungen zugrunde. Sie wirken in uns allen, doch jeder von uns hat Bedürfnisschwerpunkte. Je besser du deine Bedürfnisse kennst, desto erfolgreicher wirst du mit Geld umgehen. Denn das ist uns allen eigentlich sch...egal. Was wir in Wahrheit anstreben, ist die Erfüllung unserer Bedürfnisse.

Sicherheit

Das tiefste und stärkste Bedürfnis eines jeden Lebewesens ist Sicherheit. Geht es uns gut, ist uns das vielleicht gar nicht so bewusst. Werden wir jedoch krank oder können wir die Miete nicht mehr zahlen, treten alle anderen Bedürfnisse in den Hintergrund, und wir tun alles, um uns wieder sicher zu fühlen. Sicherheit ist für viele Menschen eine der stärksten Motivationen, nach Geld zu streben.

Stimulanz

Hinter Stimulanz steht unser Bedürfnis nach Reizen. Zum Beispiel in Form eines guten Essens, eines Lustkaufs, Abwechslung jeglicher Art, Urlauben in fernen Ländern, Abenteuerreisen ...

Dominanz

Dahinter verbirgt sich unser Bedürfnis, Einfluss zu nehmen. Im privaten, geschäftlichen oder gesellschaftlichen Bereich. Menschen mit einem starken Dominanzbedürfnis sehen Geld als Machtinstrument an. Als Mittel, um etwas zu erreichen. Sie beeinflussen und bestimmen gern.

Nähe

Menschen sind soziale Herdentiere. Deshalb ist den meisten von uns Nähe sehr wichtig. Auf den ersten Blick mag es seltsam erscheinen, Geld mit Nähe zu assoziieren. Doch so mancher, der sich mit Geld einen bestimmten Status erkauft, sucht eigentlich unbewusst Nähe und Anerkennung. Und wie viele Männer, die zu Prostituierten gehen, suchen nicht primär Sex, sondern sind in Wahrheit einsam?

Wachstum
Damit ist unser Bedürfnis nach Entwicklung, Potenzialentfaltung, aber auch Freiheit und Ausdehnung gemeint. Wir erfüllen es uns zum Beispiel durch Weiterbildungen, Bücher, bildende Reisen, herausfordernde Hobbys.

Altruismus
Dies beschreibt den Wunsch, einen positiven Unterschied im Leben anderer zu bewirken, indem du sie in der Erfüllung ihrer Bedürfnisse unterstützt.

Was machst du nun mit diesem Wissen?

Schätze selbstkritisch ein, welches deine zwei größten Bedürfnisse sind. Wichtig ist nicht, welches der Bedürfnisse du moralisch am wertvollsten beurteilst, sondern welches dich wirklich antreibt, anturnt, brennen lässt.

1. Denk darüber nach, was du mit Geld konkret erreichen möchtest. Liste deine fünf bis zehn Ziele auf.

2. Überlege dir, welche Bedürfniserfüllung du dir durch diese Ziele erhoffst.
3. Nun erforsche genau, ob dieser Weg der Bedürfniserfüllung für dich wirklich stimmig ist. Fühlt er sich richtig (gemessen an deinen Werten) an?

Wenn du feiner herausarbeitest, worum es dir tatsächlich geht, verschafft dir das mehrere Vorteile:

- Es schult deine Achtsamkeit für eine integre Bedürfniserfüllung (die nicht nur dein Begehren stillt, sondern auch deinen Werten gerecht wird).
- Es löst dein Denken aus der Fixierung auf Geld. Denn wenn du dich mehr auf dein dahinterliegendes Bedürfnis konzentrierst, können sich noch ganz andere Wege zum Ziel ergeben.
- Es nährt dein inneres Feuer, weil du im Sinn behältst, was dich echt motiviert.

Noch einmal: Ich halte es durchaus für sinnvoll, dir ein konkretes finanzielles Ziel zu setzen. Das fokussiert deinen Verstand und wird dir auch helfen, all deine Geschichten mit Geld zu klären. Doch behalte immer im Geist und Herzen, worum es dir wirklich geht!

ERFOLGSWERK TIPP

Im Leserbereich auf www.erfolgswerk.tips stelle ich dir einen fundierten Persönlichkeitstest vor, mit dessen Hilfe du deine Bedürfnisstruktur präzise ermitteln kannst.

LEKTION 14: DIE MACHT DER BILDER

Der erschaffende Part deines Bewusstseins kann sich nur auf etwas zubewegen, für das du bereits innere Bilder besitzt. Sich auf eine Zahl auf einem Kontoauszug zu konzentrieren ist für die meisten Menschen zu abstrakt. Das Geld steht ja nur als Symbol für ein bestimmtes Wunschleben.
Deshalb lade ich dich ein, ein lebendiges, strahlendes Bild deiner Zukunft zu empfangen und aufzuschreiben. Ein Geldziel entfaltet wesentlich mehr Zugkraft, wenn es an eine klare Vision gekoppelt ist. Ein vollständiger Entwurf deiner Zukunft sollte alle drei Ebenen deines Daseins beinhalten.

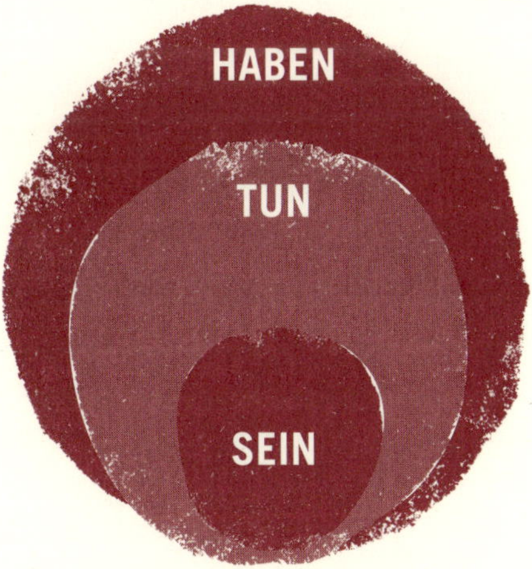

Wenn alles möglich wäre, was für ein Leben stellst du dir für dich in fünf Jahren vor?
Was wirst du in deiner idealen Zukunft besitzen ***(haben)****?*
Was wirst du in deiner idealen Zukunft ***tun****?*
Wie wirst du in deiner idealen Zukunft ***sein****?*

Beschreibe diese Vision in möglichst konkreten Bildern. Verwende Worte, die für dich emotional/sinnlich bedeutsam sind und die dich in die Vision reinziehen, sodass du sie jetzt bereits fühlen kannst.
Träume dich mindestens einmal täglich in diese Bilder hinein, um sie in deinem Unterbewusstsein zu verankern. Dann frage dich: »Wie kann ich meine Vision heute schon leben?«
Wenn du in ihr ein großzügiger Mensch bist, überlege dir, wie du heute (auch ohne viel Geld) großzügig sein kannst.
Wenn du in deiner Fünf-Jahres-Vision ein großes Projekt verwirklicht hast, geh heute einen weiteren Schritt darauf zu und mach es nicht abhängig davon, ob das dafür benötigte Geld bereits da ist oder nicht.
Du kannst heute (auch ohne Geld) einen neuen Kontakt knüpfen. Vielleicht triffst du jemanden, der dir Geld zur Verfügung stellt.
Du kannst heute (auch ohne Geld) eine Crowdfunding-Initiative starten. Vielleicht geben Hun-

derte Menschen einen kleinen Beitrag, weil du sie mit deiner Idee vom Hocker reißt.
Heute bereits das zu *tun* und zu *sein*, was deiner Vision entspricht, zieht deine Zukunft magisch in die Gegenwart und löst dich von der starren Idee, du bräuchtest erst Summe X, um loszulegen.
Vielleicht fragst du dich, warum du dann noch mit einem Geldziel arbeiten solltest?

Aus meiner Praxiserfahrung macht es Sinn, mit Vision UND Geld zu arbeiten, weil ...

- ... Vision stärker inspiriert, Geld dafür einen konkreteren Fokus bietet.
- ... es Sinn macht, dich auf dem Weg zu deiner Wunschzukunft auch für eine neue finanzielle Dimension zu öffnen.

ERFOLGSWERK TIPP

Möchtest du deinen Geist weiten? Du findest im Leserbereich auf www.erfolgswerk.tips eine geführte Meditation »Der Berg deiner Seele«, die dich einlädt, eine Vision deines großartigen Lebens zu empfangen.

LEKTION 15: DEIN SETUP

Du hast sicher schon einmal den Spruch gehört: »Wie innen, so außen.« In Bezug auf deinen Reichtum bedeutet dies: Er ist kein Zufall. Er ist das Ergebnis deines inneren und äußeren Setups. Alles in deiner Realität – der inneren und äußeren – ist im Augenblick auf ein bestimmtes Erfahrungslevel an Reichtum eingestellt.

Dein inneres Setup besteht aus einem Mix aus Überzeugungen, Werten, Gedankenschleifen, Fragen und Gefühlen zum Thema Geld und Reichtum. Du denkst auf bestimmte Weise darüber nach. Du stellst dir immer wieder ähnliche Fragen. Du fühlst immer wieder die gleichen Emotionen dazu.

Dein äußeres Setup besteht aus wiederkehrenden Verhaltensmustern rund um das Thema Geld, doch auch aus der Art, wie du dich kleidest, welche Bücher du liest, welche Bilder in deiner Wohnung hängen, deiner Ausstrahlung, deiner Körperhaltung ... Du suchst dir Beziehungspartner, die zu der von dir akzeptierten Reichtumsrealität passen.

Das Setup gleicht einem Magnetfeld, das dafür sorgt, dass sich die Ereignisse immer wieder auf ähnliche Weise um uns herum anordnen. Und wir beziehen uns dann auf die Ergebnisse, als wären sie *die* Realität. Das heißt, das, was wir mit unserem Setup erschaffen, wirkt wiederum auf uns zurück und verstärkt dadurch das Setup. Darin sehe ich einen Grund, warum die Kluft zwischen Arm und Reich in unserer Gesellschaft immer tiefer wird. Die Milieus kapseln sich ab. Reiche bleiben unter sich, denken auf eine bestimmte Art, schieben sich die Chancen zu. Arme bleiben unter sich und bestätigen sich in ihren Gesprächen immer wieder ihre Chancenlosigkeit. Wenn du ein neues Level an Reichtum anstrebst, warte nicht auf ein Wunder. Verändere bewusst dein inneres und äußeres Setup. Das darf Spaß machen! Auf den nächsten Seiten findest du einige praktische Anregungen[7] dafür.

Elemente deines neuen inneren Setups

Überzeugungen

Welche Gedanken, die deine neue Realität unterstützen, möchtest du ab jetzt häufiger denken? Schreibe auf, was du glauben willst, und pflege diese neuen Gedanken bewusst in deinen Geist ein.

---

7 Eine ausführlichere Beschreibung findest du in: Veit Lindau: Werde verrückt. Wie du bekommst, was du wirklich willst, Kailash, München 2015.

Fragen

Welche den Geist öffnenden, dir Kraft spendenden Fragen willst du dir häufiger stellen?

Gefühle

Welche neuen emotionalen Stimmungen wären für dein Unterfangen förderlich? Wie kannst du sie bewusst initiieren?

Elemente deines neuen äußeren Setups

Verhalten

Mit welchem Verhalten könntest du Reichtumsbewusstsein demonstrieren? Erstelle eine Liste von neuen Verhaltensweisen, die du ab jetzt jeden Tag einüben möchtest.

Körperhaltung und Mimik

Was möchtest du an deiner Haltung, an deiner Mimik verändern?

Gespräche und Beziehungen

Wie kannst du in bereits bestehenden Beziehungen die Qualität eurer Gespräche auf ein neues Niveau heben? Mit welchen Menschen hättest du gern eine Beziehung? Wer hat Lust, sich regelmäßig mit dir zu treffen, um größer zu denken und coole Projekte umzusetzen?

Umgebung
Welche alten Gegenstände, Möbel etc. möchtest du aussortieren, weil sie dich eher an Armut und Enge erinnern? Was möchtest du neu anschaffen? An welche Orte möchtest du dich hin und wieder begeben, weil sie dich das neue Reichtumslevel schon spüren lassen?

Kleidung
Vielleicht ist es Zeit, Kleidungsstücke, die eindeutig zu deiner alten Welt gehören, auszusortieren und dafür mit neuen Elementen zu experimentieren?

Medien
Verändere deinen Medienkonsum. Wähle sorgfältig jene Informationsquellen (Internet, Zeitungen, TV, Bücher) aus, die deine Zukunft stimulieren.

Du wirst staunen, wie viel eine kleine Veränderung im Setup bewirken kann!

LEKTION 16: BEWUSSTHEIT FÜR ENERGIE

Geld ist auch ein Symbol für Energie. Wenn du möchtest, dass es reichlicher zu dir fließt und auch bei dir bleibt, mach dir die Energiekreisläufe des Lebens bewusst. Wir haben uns kollektiv darauf geeinigt, Wirkungsenergie in Geld zu speichern. Wenn du zum Bäcker gehst, tauschst du die mit einem Geldschein assoziierte Energie gegen ein Brötchen. In dem steckt Lebensenergie vom Bäcker, aber auch vom Weizen. Du isst das Brötchen und verwandelst diese Energie wieder in Wärme und Bewegungsenergie ...
Worauf ich hinauswill: Leben ist der permanente Austausch von Energie, gespeichert in verschiedenen Aggregatszuständen. Wie viel Energie ist da? Unendlich viel! Nur ein Bruchteil davon steckt im Geld. Und das auch nur so lange, wie wir alle daran glauben. Willst du das Geldspiel leichter und souveräner spielen, durchschaue das Spiel tiefer. Bekomm ein Gefühl für den Fluss von Energie.

Die drei zentralen Stationen im Energiefluss sind:
Empfangen – Speichern – Loslassen.

Manche Menschen können Geld sehr gut empfangen und speichern, hadern jedoch mit dem Loslassen. Andere können sehr gut loslassen, doch es bleibt nie etwas bei ihnen hängen. Wie sieht es mit dir aus?

Die Kunst des Empfangens

Wie gut bist du darin, Geld anzunehmen? Wie viel Geld darf zu dir kommen? Fühlst du den Wert deiner Existenz und deines Wirkens?

Es gibt Möglichkeiten, diese Fähigkeit in dir zu stärken. So kannst du beispielsweise ...

- ... mit dem inneren Kind und deinem Selbstwert arbeiten,
- ... mehr Bewusstheit für den Wert deines Wirkens (im Job, aber auch zum Beispiel als Mutter) entwickeln,
- ... Geld bewusster annehmen, für einen Moment innehalten und dir sagen: »Ja, dieses Geschenk nehme ich sehr gern entgegen. Ich bin ein wertvolles Wesen.«

Die Kunst des Speicherns

Stell dir Geldenergie wie einen Fluss durch dein Leben vor. Es kommt und es geht. Geld zu speichern bedeutet, einen Staudamm zu errichten, damit sich ein kleiner oder größerer See bilden kann. Ein Staudamm schenkt dir die Sicherheit, auch eine Dürreperiode gut überstehen zu können. Die angesammelte Energie gibt dir die Möglichkeit, Projekte zu manifestieren, die über deinen Lebensunterhalt hinausgehen. Dein Unterbewusstsein gewöhnt sich an das Gefühl von Reichtum. Auch wenn dies vielleicht etwas seltsam klingt: So bildet sich ein Gravitationsschwerpunkt, der weitere Energie anzieht. Geld fließt gern dahin, wo schon welches ist. Glaube es mir nicht. Probiere es aus.

Wie gut bist du darin, Energie und somit auch Geld zu halten?
Bist du bereit, über einen gewissen Zeitraum von mindestens drei Monaten zu gewissen unnötigen Ausgaben NEIN zu sagen?
Wie viel Geld darf in dein Leben kommen und auch bleiben?
Was tust du eventuell noch, um das Ansammeln von Geld zu verhindern?

Viele Menschen haben eine unbewusste obere Grenze für ihren Reichtum. Wenn diese gesprengt wird, setzen Mechanismen ein wie Kaufrausch, Geld verleihen, falsch investieren, bis sich das gewohnte Reichtumsmaß wieder eingestellt hat.

Auch die Fähigkeit, Geld zu speichern, kannst du in dir stärken. Vielleicht ahnst du es schon: Eine andere Umschreibung für Speichern ist Sparen. Nein, Sparen ist nicht unsexy. Es ist clever. Ich meine nicht das sinnlose Horten von Reichtum, der niemandem nützt, sondern das sinnvolle Anstauen der finanziellen Energie, die dir ein gesundes Maß an Sicherheit und mehr Potenz zum Wirken verschafft.

Wie spart man? Ganz einfach:

1. Lege die Summe X fest, die du als dauerhaften Energiepool ansammeln möchtest. Ich empfehle dir als Minimum »monatliche Ausgaben x 6«.
2. Installiere auf deinen Konten einen Mechanismus, der, BEVOR du dein Gehalt, deinen Gewinn zu sehen bekommst, mindestens zehn Prozent davon auf dein Sparkonto überweist. Und dieser Betrag ist ab jetzt tabu!
3. Erst wenn Summe X erreicht ist, kannst du beginnen, darüber nachzudenken, was du mit allem, was nun dazukommt, sinnvoll anstellen möchtest.

Für alle, die jetzt denken: »Mein Geld reicht so schon kaum, um alle Kosten zu decken. Ich kann keine zehn Prozent beiseitelegen.« Das ist ein

Trick deines Verstandes. Es wird sich zu Beginn immer so anfühlen. Doch stell dir vor, dein Gehalt wird über Nacht um zehn Prozent gekürzt bzw. dein Unternehmen macht zehn Prozent weniger Gewinn. Würdest du dennoch weiterleben? Würdest du irgendwie eine Lösung finden? Ja. Überliste dich selbst. Automatisiere das Sparen. Ich garantiere dir, ein gewisser Pool an Energie wird in deinem inneren Reichtumsbewusstsein einen echten Unterschied bewirken.

Die Kunst des Loslassens

Was nutzt dir das »liebe« Geld, wenn du es nicht wieder voller Freude in Genuss, Wachstum und Wohltaten umwandeln kannst? Wenn die Energie des Geldes nicht auch wieder von uns wegfließen darf, wird es zu unserem Gefängnis. Seine Wirkung schlägt um ins Negative. In Angst und Gier. Ein Wasser, das steht, fängt an zu faulen. Lass das Geld auch wieder fließen.

Wiederum hast du verschiedene Möglichkeiten, diese Fähigkeit in dir zu stärken. Etwa so:

- Segne alles, was du in die Hände eines anderen weitergibst. Lass es bewusst los. Du verlierst nicht wirklich etwas, sondern erschaffst Freude im Leben eines anderen Menschen.

Schau demjenigen, dem du Geld gibst, in die Augen und stell dir vor, wie er davon Essen, Miete, Geschenke für seine Kinder bezahlt.

- Gib großzügiger Trinkgeld.
- Unterstütze gemeinnützige Projekte.
- Mach dir klar, dass alles, was du freiwillig gibst, irgendwann zu dir zurückkommt.
- Erinnere dich an deine Sterblichkeit. Alles, was du tatsächlich hast, ist dieser Augenblick. Auf deine letzte Reise kannst du nichts mitnehmen. Also investiere vorher in ein gutes Leben und dein Erwachen.

LEKTION 17:
DEINE FÄHIGKEIT ZU LERNEN

Für jedes Problem, das dich plagt, gibt es da draußen mindestens einen Menschen, der die Lösung bereits gefunden hat. Aber renn ruhig weiter mit dem Kopf gegen die Wand. Wenn meine Klienten mir ihr Problem schildern, lautet häufig eine meiner ersten Fragen: »Wie viele Bücher hast du in letzter Zeit zu dieser Thematik gelesen?« Die Antwort ist meistens: »Keins.«

Ist das nicht verblüffend? Wir beschäftigen unser brillantes Großhirn lieber mit Jammern als mit Lernen. Ich mach es kurz: Wie wichtig ist es dir, mehr Reichtum – innen und außen – zu manifestieren?

Vergiss deinen Stolz. Lerne täglich etwas dazu.

Lies jedes Buch, das du zum Thema in die Finger bekommen kannst.[8] Sei dir auch nicht zu schade, von Menschen zu lernen, die vielleicht einen ganz anderen Lebensstil pflegen und anderen Werten folgen. Du musst ihren Weg nicht eins zu eins übernehmen. Doch ich wette, du wirst in jedem Buch ein Körnchen Weisheit für dich entdecken.

---

8 Auf www.erfolgswerk.tips findest du Empfehlungen.

Forsche aktiv nach Menschen, die von einem ähnlichen Ausgangspunkt starteten und das Problem, das dich bewegt, bereits gelöst haben. Komm ihnen so nah wie möglich. Studiere sie.
Was haben sie erkannt?
Was haben sie getan?
Wie kannst du dies auf deine Umstände anwenden?
Weißt du, wie du Laufen gelernt hast?
Du hast es dir abgeschaut.

Mach die Augen auf und lerne.

LEKTION 18: BEZIEHUNGEN SIND FELDER

Die am stärksten unterschätzte Ressource für unser Glück und unseren Erfolg sind unsere Beziehungen. Warum unterschätzt? Weil wir sie für selbstverständlich halten und noch nicht verstanden haben, wie tiefgreifend jede unserer Beziehungen uns prägt. Oberflächlich mag es so wirken, als würden zwei Menschen einfach Zeit miteinander verbringen. Doch währenddessen geschieht viel mehr. Ihr vernetzt euch mental, emotional, sozial. Ihr baut gemeinsam ein unsichtbares Feld auf, das euch schwächen oder stärken kann.

Alle Untersuchungen der Glücksforschung der letzten 20 Jahre deuten darauf hin, dass erfüllte Beziehungen DIE tragende Säule für unser Wohlempfinden sind. Sie beeinflussen unser Glück wesentlich stärker als ökonomischer Reichtum. Sie stärken unser Immunsystem, geben uns Rückhalt, nähren positive Emotionen, ermutigen uns zu wachsen. Sollte unser Geldsystem einmal zusammenbrechen, was wird für uns dann wichtig sein? Der soziale Zusammenhalt.

Schätze einmal, wie viele Tage deines Lebens du für Ausbildung, Arbeit und Karriere aufgewendet hast. Und nun setze die Zahl an Stunden dagegen, die du bewusst dem Erblühen deiner Beziehungen gewidmet hast. Besteht da eine Diskrepanz? Sei clever und investiere in die schönste Quelle deines Reichtums – in deine Beziehungen. Achte und stärke sie durch Zuverlässigkeit, Freundlichkeit und Dankbarkeit. Zahl langfristig ein. Sei großzügig. Gib viel. Begegne deinen Mitmenschen als ein König, eine Königin des Herzens. Welche Träume du dir auch noch erfüllen möchtest – übrigens auch finanzielle Ziele –, du wirst Menschen auf diesem Weg brauchen. Vermeide die Falle der Einzelanstrengung. Mach es dir einfach. Verbünde dich mit Gleichgesinnten. Suche gezielt nach Menschen, die in einer ähnlichen Richtung unterwegs sind. Meide die Jammerer, die Angstschürer. Umgib dich mit denen, die groß denken und mutig handeln. Du hast das Recht, mit Menschen in Beziehung zu stehen, die dir guttun.

Leben ist Kooperation.
Leben ist Vernetzung.
Lebendige Beziehungen sind dein Geburtsrecht.

ERFOLGSWERK TIPP

Im Leserbereich findest du ein Video zum Thema »Lebendige Beziehungen«. Lohnt sich!

LEKTION 19: EIN MASTERPLAN FÜR DEINEN ÄUSSEREN UMGANG MIT GELD

Wie zu Beginn angekündigt, folgt dieses Buch dem Zweck, deinen inneren Reichtum aufzudecken und zu stärken. Dennoch möchte ich dir zum Schluss einfragenkonzentrat für deinen äußeren Reichtum mit auf den Weg geben. Bitte betrachte es als Inspiration, nicht als vollständige Anleitung. Wenn du tiefer einsteigen und dich von mir bei der konkreten Umsetzung begleiten lassen möchtest, empfehle ich dir die Reichtumskur – ein Online-Intensivtraining mit 21 Lektionen für innere und äußere Fülle.[9]

Um Erfolg zu haben, brauchst du einen genauen Ausgangspunkt, ein klares Ziel und eine wirksame Strategie.

Dein Ziel

Formuliere schriftlich deine konkreten finanziellen Ziele: Umsatz, Gewinn, Besitz (nach Steuern).

9 Siehe Anhang.

Konkrete Wünsche und Visionen

- Wie sieht dein Leben aus, wenn du dein finanzielles Ziel erreicht hast?
- Wofür genau brauchst du das Geld?
- Liste auf, was du damit machen willst/musst?
- Was sind deine monatlichen Pflichtausgaben?
- Was wünschst du dir obendrauf? Wofür?
- Welche Summe brauchst du also?

Bestandsaufnahme

- Ziehe eine konkrete Bilanz für dein gegenwärtiges Vermögen.
- Zähle sowohl deine Sachwerte (Haus, Auto ...) als auch deine Finanzwerte auf.
- Zähle all deine Schulden auf und ziehe sie von deinem Vermögen ab.

Einnahmen und Ausgaben

- Verschaffe dir einen genauen Überblick über alle finanziellen Bewegungen in deinem Leben.
- Welche monatlichen Einnahmen hast du? (Einkommen abzüglich Steuern, Zuschüsse, Verkäufe)
- Liste deine monatlichen Pflichtausgaben auf (die auf jeden Fall getätigt werden müssen): Tilgung von Schulden, Miete, Leasing, Rückzahlungen, Telefon, Versicherungen, Lebensmittel, Bekleidung ...

- Liste deine Luxusausgaben auf (die nicht sein müssten, dir aber Freude bereiten): Restaurant, Luxuskleidung, Theater ...
- Vergleiche nun die Einnahmen mit den Ausgaben. Wie viel bleibt am Ende des Monats übrig? Keine Angst vor unangenehmen Zahlen. Die Wahrheit setzt dich frei!
- Wie viel müsstest du ab jetzt zusätzlich pro Monat erwirtschaften, um dein erstes Jahresziel zu erreichen?

Bewusstheit über deine Geldflüsse

Führe mindestens sechs Monate lang Buch über deine Einnahmen und Ausgaben. Entweder auf Papier oder digital. Eine Excel-Tabelle oder eine einfache Finanzsoftware genügt.
Notiere am Abend, was du an diesem Tag eingenommen und ausgegeben hast. Schreibe hinter jede Ausgabe, wofür sie war, und markiere selbstkritisch alle Ausgaben, die nicht notwendig waren.

Umgang mit Schulden

Nicht aufgelöste Schulden bestrafen dich unterbewusst und blockieren deinen Weg in den Reichtum. Geh der Wahrheit nicht aus dem Weg. Die psychologische Last wiegt wesentlich schwerer, wenn du die genaue Zahl nicht kennst.

Nimm Kontakt mit deinen Gläubigern auf und finde sinnvolle Regelungen.
Erstelle einen Plan und beginne auf jeden Fall mit den Rückzahlungen. Selbst wenn es nur ein sehr geringer Betrag ist, bringt es das Geld ins Fließen. Du wirst staunen, was dann passiert!
Wenn du es nicht allein schaffst, hol dir auf jeden Fall Hilfe, zum Beispiel von der Schuldenberatung!

Der Plan

- In welcher Rolle möchtest du Geld verdienen (Angestellter, Selbstständiger, Unternehmer, Experte, Investor)?
- Mit welchen Tätigkeiten, Produkten oder Dienstleistungen möchtest du konkret dein Geld verdienen?
- Was davon kannst du bereits anbieten?
- Liste alle bestehenden Einnahmequellen auf.
- Liste alle zusätzlich gewünschten Einnahmequellen auf.
- Was musst du dafür noch lernen? Was muss noch produziert werden?
- Wie viel Geld möchtest du mit welcher der Rollen/Einnahmequellen verdienen?
- Rechne das auf Arbeitszeit/Aufträge/Verkäufe herunter. Ist das realistisch?
- Gibt es Menschen, die in diesem Bereich bereits solche Summen verdienen? Was machen die anders?

- Erstelle einen realistischen Zeitplan: Wie viel willst du pro Jahr mehr verdienen? Wie viele Arbeitsstunden hast du real zur Verfügung? Wie viel musst du dann pro Stunde verdienen? Ist das realistisch?
- Wie sieht deine konkrete Fünf-Jahres-Vision für deine finanziellen Ziele aus?
- Teile diese Vision in realistische Jahresziele ein.

Deine Rolle in Bezug auf Arbeit

Die folgenden Punkte unterstützen dich, deine gegenwärtige Rolle in Bezug auf Arbeit besser zu verstehen und wirksamer für deinen Reichtum einzusetzen. Egal welche Rolle du gerade einnimmst, begreife dich immer als selbstständige ICH-AG. Du, niemand sonst, ist verantwortlich für deinen inneren und äußeren Reichtum!

Vollzeit-Mutter/-Vater

- Kannst du den Wert deiner Arbeit als Mutter bzw. Vater voll spüren?
- Fühlst du dich ausreichend dafür anerkannt (auch ökonomisch)?
- Hast du Menschen um dich herum, die dich für deinen Job wertschätzen?
- Macht es eventuell Sinn, dich mit anderen Menschen in ähnlicher Situation zu verbün-

den und gemeinsam eure (finanziellen) Ziele zu verfolgen?

Arbeitslosigkeit

- Kannst du sehen, dass du nicht wirklich arbeitslos bist, auch wenn du momentan keinem bezahlten Job nachgehst?
- Wie verbringst du deinen Tag?
- Wie bringst du dich weiterhin in die Gesellschaft ein?
- Nutzt du deine freie Zeit, um dich weiterzubilden und deine Kompetenzen zu trainieren?
- Wie viel Zeit pro Tag widmest du deinem finanziellen Ziel, deiner Vision?

Selbstständige/r, Freiberufler/in

- Hast du schon einmal Zeit und Geld in einen strukturierten Aufbau deines Unternehmens und für dein Marketing investiert?
- Fühlst du dich erfolgreich und kristallklar auf dem Markt positioniert?
- Kennst du deine exakte Zielgruppe?
- Arbeitest du ausschließlich für sie?
- Kennst du deren exakte Bedürfnisse und Probleme?
- Hast du dafür kompetente Lösungen parat?
- Wie viel Zeit pro Tag investierst du in deine Vision?

- Wie viel Zeit pro Tag investierst du in Weiterbildung und Marketing?

Bist du dir bewusst darüber, dass du als Selbstständiger immer deine Arbeitszeit gegen Geld tauschst? Du wirst irgendwann an Einkommensgrenzen stoßen. Die Möglichkeiten, mehr Geld zu verdienen, sind:

- Gewinne mehr Kunden zur selben Zeit.
- Erhöhe die Preise.
- Entwickle dich zu einem renommierten Experten, der mehr Geld pro Stunde verlangen kann.
- Lege dir ein passives Einkommen zu.
- Investiere.
- Werde Unternehmer.

Angestellte/r

- Arbeitest du am richtigen Platz?
- Wenn nein, wie oft bewirbst du dich für deinen Traumjob?
- Wenn ja, bringst du dich voll ein?
- Nicht dein Chef muss dein Potenzial entdecken. Du musst es ihm zeigen.
- Gibst du generell mehr und mit Leidenschaft oder gerade das Notwendigste?
- Wenn du mehr verdienen möchtest, mach dich unabkömmlich für deinen Chef und

schaffe mehr Mehrwert für das Unternehmen.

- Was hältst du (noch) zurück? Zum Beispiel an Ehrlichkeit, Eigeninitiative ...
- Mal ehrlich, würdest du dich selbst einstellen?
- Bist du dankbar für deinen Job? Lässt du das deinen Arbeitgeber ausreichend spüren?
- Wann hast du deine Chefs das letzte Mal an deinen Visionen, Verbesserungsvorschlägen und Wünschen teilhaben lassen? Wartest du darauf, angesprochen zu werden, oder kommst du von selbst?
- Lote nüchtern aus, wo die maximale Einkommensgrenze für deinen Job liegt. Reicht dir das?

Unternehmer/in

- Der Hauptunterschied zwischen einem Unternehmer und einem Selbstständigen: Der Unternehmer arbeitet AM Unternehmen, der Selbstständige immer noch IM Unternehmen.
- Arbeitest du die meiste Zeit am Unternehmen?
- Wie viel Zeit pro Tag investierst du in deine Vision, in Weiterbildung, in Marketing?
- Hast du sehr gute Berater?
- Bist du bereit, dich zu verändern?
- Ist dein Unternehmen als eine klare, erfolgreiche Marke am Markt positioniert?

- Bist du über alle wichtigen Kennzahlen des Unternehmens im Bild?
- Existiert in deinem Unternehmen eine gesunde Balance zwischen Bewahren des Gutbewährten und konstanter Innovation?
- Sind alle Posten effektiv besetzt?

EPILOG

Dieses Büchlein nähert sich nun dem Ende. Ich hoffe sehr, dass es dich inspiriert hat, die Fülle in deinem Leben noch bewusster zu bejahen. Wenn Geld für dich ein Thema ist (und wenn es das ist, wirst du es wissen), möchte ich dich von Herzen dazu ermutigen, jegliches Jammern und Verleugnen einzustellen und dein wundervolles, intelligentes Bewusstsein neugierig auf dieses Schulfach auszurichten. Lies dazu jedes Buch, das du bekommen kannst. Belege ein Seminar. Finde dich mit gleichgesinnten Menschen in kleinen Studiengruppen zusammen. Investiere drei Monate lang mindestens eine halbe Stunde pro Tag in das Studium und die praktische Umsetzung des Themas. Wenn du mich fragst, ist dies ein lächerlich geringer Aufwand im Vergleich zum Nutzen. Denn du wirst feststellen, wie sich in kürzester Zeit sehr viel zum Positiven wandelt, wenn du deinen Geist für das einsetzt, wofür er designt wurde: **zum Lernen, Erkennen und Manifestieren.**

Wir kennen uns nicht persönlich, doch in einem bin ich mir sicher: Egal ob du es bereits lebst oder nicht – du bist ein großzügiges Wesen. Deine wahre Natur kennt keinen Mangel. Sie ist frei. Weit. Unendlich. Letztendlich geht es in allen

Spielen deines Lebens – Beziehung, Arbeit, Geld, Spiritualität – darum, genau das zu entdecken. DU bist frei.

Veit

ANHANG

Über das Erfolgswerk

Das Erfolgswerk ist ein spielerisch-ernst aufzufassendes Bildungsprojekt, das es sich zur Aufgabe gemacht hat, die für unser Glück so wichtige Erfahrung der Selbstwirksamkeit als Gesprächs- und Entwicklungsthema breiten Teilen der Bevölkerung zugängig zu machen.

Das geistige Fundament des Erfolgswerks besteht aus zwei Kernthesen:

1. Niemand lebt bereits sein volles Potenzial. Es geht immer noch viel mehr.
2. Ein Mensch, der weiß, was er wirklich-wirklich will, und sich dafür erfolgreich einsetzt, nutzt der gesamten Gesellschaft.

Die zentrale Austauschplattform des Erfolgswerks ist die Website **www.erfolgswerk.tips.**
Hier findest du wertvolle Informationen, interaktive Bücher, Interviews, Videos ... rund um die Themen Erfolg und Selbstwirksamkeit. Die Leser dieses Buchs erwartet auch ein eigener Leserbereich mit Zusatzmaterial.

Das agile und multimediale Projekt wurde von Veit Lindau initiiert und ist offen für viele weitere Erfolgsexperten, ermutigende Beiträge und Selbsterfahrungsberichte. Immer her damit!

Mehr gutgesinnte UND erfolgreiche Menschen braucht das Land.

Die Reichtumskur

Ein Online-Intensivtraining mit Veit Lindau in der Kunst des guten Reichtums: Kultiviere deinen inneren Reichtum und manifestiere so auch mehr materiellen Reichtum.

Du findest:

- 21 Lektionen,
- 4 Zusatzvideos und
- 6 geführte Meditationen.

Heile deine Beziehung zum Geld.
Erschaffe mehr Gewinn.
Genieße tiefer und vertrauensvoller.

Weiterführende Buchtipps

Auf der Website **www.erfolgswerk.tips** findest du Hinweise auf weiterführende Literatur. Die Liste wird ständig ergänzt.

Veit Lindau

Autor. Trainer. Speaker.

Veit Lindau (geb. 1969) wirkt als Teacher, Speaker und Autor. Er versteht sich als liebevoll-konsequenten Reformer, achtsamen Businesspunk und Freigeist. Er gilt im deutschsprachigen Raum als führender Experte für eine integrale Selbstverwirklichung des Menschen. Durch erfolgreiche Unternehmen und Projekte (Life Trust Akademie, HUMAN TRUST AG, ichliebedich-Mtiftung) demonstriert er, dass es möglich ist, Sinnhaftigkeit und Erfolg miteinander zu vereinen.

Sein gegenwärtiges größtes Projekt ist die Entwicklung des HUMAN TRUST, einer integralen Coaching- und Vernetzungsplattform mit mehreren tausend Mitgliedern. Seine Bücher, einige Bestseller (»Werde verrückt«, »SeelenGevögelt«, »Heirate dich selbst«, »Liebe Radikal«, »NO Problem«), sind provokante, liebevolle Weckrufe.

Energisch und augenzwinkernd ruft er dazu auf, im täglichen Leben konkret umzusetzen, was wir alle bereits wissen. In seinen Vorträgen und Seminaren ermutigt, inspiriert und fordert er heraus.

Texte, Videos und Events:
www.veitlindau.com

Bleib täglich mit Veit in Kontakt:
www.facebook.com/veitlindau